国家林业和草原局职业教育"十三五"规划教材

休闲观光农业园经营与管理

陆　梅　主编

中国林业出版社
China Forestry Publishing House

内 容 简 介

本教材共划分为4个单元。每个单元由学习目标、知识讲解、实践教学、小结、思考与练习、自主学习资源库6个部分组成。单元1为休闲观光农业及其产业发展分析,主要内容包括休闲观光农业的概念、特征和功能,国外休闲观光农业的产生与发展,我国休闲观光农业的产生与发展,我国休闲观光农业的类型及产业模式。单元2为休闲观光农业园经营管理概述,主要内容包括休闲观光农业园经营管理的内涵、目标和战略、模式。单元3为常见特色休闲观光农业园介绍,主要内容包括教育农园、观光采摘园、市民农园、生态农业园、民俗文化村。单元4为休闲观光农业园经营管理实务,主要内容包括休闲观光农业园生产管理、人力资源管理、市场营销管理、游客管理、服务管理、设施设备管理、环境管理和安全管理。

本教材可作为高职高专院校休闲农业、园艺技术等的专业教材,也可作为相关专业的教师、学生及广大休闲观光农业经营者与爱好者的参考用书。

图书在版编目(CIP)数据

休闲观光农业园经营与管理 / 陆梅主编. —北京:
中国林业出版社, 2020.6 (2024.12 重印)
　ISBN 978-7-5219-0496-3

Ⅰ.①休… Ⅱ.①陆… Ⅲ.①农业园区-经营管理-中国-高等职业教育-教材 Ⅳ.①F324.3

中国版本图书馆 CIP 数据核字(2020)第 029685 号

中国林业出版社·教育分社

策划编辑:　田　苗　　曾琬淋
责任编辑:　田　苗　　曾琬淋
电　话:(010)83143630　　传　真:(010)83143516

数字资源

出版发行	中国林业出版社(100009　北京市西城区刘海胡同7号) 　　　　E-mail: jiaocaipublic@ 163.com 　　　　http://www.cfph.net
经　销	新华书店
印　刷	北京中科印刷有限公司
版　次	2020年6月第1版
印　次	2024年12月第4次印刷
开　本	787mm×1092mm　1/16
印　张	10.5
字　数	225千字(含数字资源)
定　价	38.00元

未经许可,不得以任何方式复制或抄袭本书之部分或全部内容。

版权所有　侵权必究

前 言

从 20 世纪 80 年代开始，随着社会的发展、生活水平和文化素质的提高、闲暇时间的增多、生活节奏的加快、生活空间的缩小以及竞争的日益激烈，人们渴望多样化的旅游，尤其希望能在优美的农村环境中放松自己的意愿越来越强烈。于是，农业与旅游业边缘交叉的新兴产业——休闲观光农业应运而生。近年来，以养心、养肺、养胃、养脑、养神为特征，以提高生活质量、放松心情、追求身心健康为诉求的休闲观光农业正在国内蓬勃兴起，并成为一种时尚。政府更是频发补贴政策，大力支持休闲观光农业的发展。因此，休闲观光农业的发展前景广阔。但当前此行业也暴露出许多问题，尤其是缺乏专业技术型的管理人才。本教材即是根据高职高专休闲农业专业对休闲观光农业经营管理岗位的培养要求而编写的。

本教材共划分为 4 个单元。每个单元由学习目标、知识讲解、实践教学、小结、思考与练习、自主学习资源库 6 个部分组成。单元 1 为休闲观光农业及其产业发展分析，主要内容包括休闲观光农业的概念、特征和功能，国外休闲观光农业的产生与发展，我国休闲观光农业的产生与发展，我国休闲观光农业的类型及产业模式。单元 2 为休闲观光农业园经营管理概述，主要内容包括休闲观光农业园经营管理的内涵、目标和战略、模式。单元 3 为常见特色休闲观光农业园介绍，主要内容包括教育农园、观光采摘园、市民农园、生态农业园、民俗文化村。单元 4 为休闲观光农业园经营管理实务，主要内容包括休闲观光农业园生产管理、人力资源管理、市场营销管理、游客管理、服务管理、设施设备管理、环境管理和安全管理。

我国休闲观光农业起步较晚，距今还不到 40 年，因此，目前市场上还没有适合高职高专院校使用的休闲观光农业经营管理方面的教材。为了编写本教材，编者参考了大量的相关书籍，学习了行业最新的发展动态，并亲身到休闲观光农业园实践锻炼，收集各种案例、素材。理论知识适度够用，技能实训内容丰富，具有较强的实用性和可操作性。

本教材为闽台合作、校企合作教材,由4位老师编写。教材初稿由陆梅完成;单元1的1.2、1.4和1.5由卓俊铭修改补充;单元4的4.3由饶秀俊修改补充。全书的最终统稿、修改和审核由陆梅完成,饶秀俊和卓俊铭协助审核、修改与整理,张敏为本教材提供了沙县马岩休闲度假有限公司的活动策划案例和项目素材,并为编写提出了宝贵意见。此外,中国包酒文化博览园提供了案例素材和实景照片,在此表示衷心的感谢!

本教材可作为高职高专院校休闲农业、园艺技术等的专业教材,也可作为相关专业的教师、学生及广大休闲观光农业经营管理者与爱好者的参考用书。

由于编者水平与能力有限,加之编写时间仓促,疏漏与不当之处在所难免,敬请读者和同行提出宝贵意见以斧正。

编　者
2020 年 3 月

目 录

前　言

单元1　休闲观光农业及其产业发展分析 ········· 001

1.1　休闲观光农业的概念、特征和功能 ········· 002
1.1.1　休闲观光农业的概念 ········· 002
1.1.2　休闲观光农业的特征 ········· 002
1.1.3　休闲观光农业的功能 ········· 003

1.2　国外休闲观光农业的产生与发展 ········· 004
1.2.1　美国 ········· 004
1.2.2　加拿大 ········· 005
1.2.3　法国 ········· 005
1.2.4　意大利 ········· 006
1.2.5　日本 ········· 006

1.3　我国休闲观光农业的产生与发展 ········· 007
1.3.1　我国休闲观光农业的产生背景 ········· 007
1.3.2　我国休闲观光农业的发展历程 ········· 009
1.3.3　我国休闲观光农业发展中存在的问题 ········· 010
1.3.4　我国休闲观光农业的发展趋势 ········· 011
1.3.5　推进我国休闲观光农业发展的对策建议 ········· 014

1.4　我国休闲观光农业的类型 ········· 015
1.4.1　根据发展过程划分 ········· 015
1.4.2　根据区域分布划分 ········· 016

1.4.3　根据项目开发模式划分 ·· 016
　　　1.4.4　根据功能组合划分 ·· 017
　　　1.4.5　根据空间距离划分 ·· 017
　　　1.4.6　根据经营模式划分 ·· 018
　　　1.4.7　根据产业领域划分 ·· 019
　1.5　我国休闲观光农业的产业模式 ·· 020
　　　1.5.1　休闲观光种植业 ·· 020
　　　1.5.2　休闲观光林业 ·· 024
　　　1.5.3　休闲观光畜牧养殖业 ·· 027
　　　1.5.4　休闲观光渔业 ·· 029
　　　1.5.5　休闲观光农副业 ·· 031

单元 2　休闲观光农业园经营管理概述 ·· 037

　2.1　休闲观光农业园经营管理的内涵 ·· 038
　　　2.1.1　园区经营管理的基本概念 ·· 038
　　　2.1.2　园区经营管理的基本内容 ·· 039
　2.2　休闲观光农业园经营管理的目标和战略 ·· 040
　　　2.2.1　园区经营管理的目标 ·· 040
　　　2.2.2　园区经营管理战略 ·· 041
　2.3　休闲观光农业园经营管理模式 ·· 043
　　　2.3.1　依据休闲观光农业资源划分 ·· 044
　　　2.3.2　依据主体管理方式划分 ·· 045
　　　2.3.3　依据休闲观光农业园与周边环境是否隔离划分 ···························· 046

单元 3　常见特色休闲观光农业园介绍 ·· 053

　3.1　教育农园 ·· 054
　　　3.1.1　教育农园的含义 ·· 054
　　　3.1.2　教育农园的基本特征 ·· 054
　　　3.1.3　教育农园的经营管理思路 ·· 055
　3.2　观光采摘园 ·· 060

  3.2.1 观光采摘园的含义 ………………………………………………… 060
  3.2.2 观光采摘园的基本特征 ……………………………………………… 061
  3.2.3 观光采摘园的经营管理思路 ………………………………………… 061
 3.3 市民农园 ………………………………………………………………… 063
  3.3.1 市民农园的含义 ……………………………………………………… 063
  3.3.2 市民农园的基本特征 ………………………………………………… 064
  3.3.3 市民农园的经营管理思路 …………………………………………… 065
 3.4 生态农业园 ……………………………………………………………… 067
  3.4.1 生态农业园的含义 …………………………………………………… 067
  3.4.2 生态农业园的基本特征 ……………………………………………… 067
  3.4.3 生态农业园的经营管理思路 ………………………………………… 068
 3.5 民俗文化村 ……………………………………………………………… 069
  3.5.1 民俗文化村的含义 …………………………………………………… 069
  3.5.2 民俗文化村的基本特征 ……………………………………………… 070
  3.5.3 民俗文化村的经营管理思路 ………………………………………… 071

单元4 休闲观光农业园经营管理实务 …………………………………… 079

 4.1 休闲观光农业园生产管理 ……………………………………………… 080
  4.1.1 生产规划 ……………………………………………………………… 080
  4.1.2 设施设备的配置 ……………………………………………………… 082
  4.1.3 生产制度的设定 ……………………………………………………… 083
  4.1.4 种养品种的引进 ……………………………………………………… 083
  4.1.5 生产进度的拟定 ……………………………………………………… 083
  4.1.6 栽培及饲养管理 ……………………………………………………… 083
  4.1.7 收获及加工管理 ……………………………………………………… 083
 4.2 休闲观光农业园人力资源管理 ………………………………………… 085
  4.2.1 园区组织管理机构 …………………………………………………… 086
  4.2.2 园区人力资源类型 …………………………………………………… 090
  4.2.3 园区人力资源开发 …………………………………………………… 090
  4.2.4 园区员工服务要求 …………………………………………………… 093

4.2.5　园区人力资源激活 …………………………………………………… 096
4.3　休闲观光农业园市场营销管理 ……………………………………………… 097
　　4.3.1　园区市场营销的含义 …………………………………………………… 097
　　4.3.2　园区市场营销的内容及要点 …………………………………………… 098
　　4.3.3　园区市场营销定位 ……………………………………………………… 100
　　4.3.4　园区市场营销策略 ……………………………………………………… 101
　　4.3.5　园区市场营销方法 ……………………………………………………… 103
4.4　休闲观光农业园游客管理 …………………………………………………… 104
　　4.4.1　游客个体旅游行为的差异 ……………………………………………… 104
　　4.4.2　游客组织旅游行为的差异 ……………………………………………… 107
　　4.4.3　园区游客管理的方法 …………………………………………………… 109
　　4.4.4　园区游客管理技术 ……………………………………………………… 110
4.5　休闲观光农业园服务管理 …………………………………………………… 112
　　4.5.1　园区餐饮服务管理 ……………………………………………………… 112
　　4.5.2　园区住宿服务管理 ……………………………………………………… 114
　　4.5.3　园区解说服务管理 ……………………………………………………… 116
　　4.5.4　园区游客投诉管理 ……………………………………………………… 117
4.6　休闲观光农业园设施设备管理 ……………………………………………… 121
　　4.6.1　园区设施设备的分类管理 ……………………………………………… 121
　　4.6.2　园区设施设备的分期管理 ……………………………………………… 122
4.7　休闲观光农业园环境管理 …………………………………………………… 123
　　4.7.1　园区卫生管理 …………………………………………………………… 123
　　4.7.2　园区景观绿化管理 ……………………………………………………… 123
　　4.7.3　园区环境保护管理 ……………………………………………………… 125
4.8　休闲观光农业园安全管理 …………………………………………………… 127
　　4.8.1　园区旅游安全问题 ……………………………………………………… 127
　　4.8.2　园区安全管理机制 ……………………………………………………… 130
　　4.8.3　园区旅游安全维护 ……………………………………………………… 134
　　4.8.4　园区医疗服务管理 ……………………………………………………… 139

参考文献 ……………………………………………………………………………… 157

单元 1
休闲观光农业及其产业发展分析

学习目标

知识目标

(1) 理解休闲观光农业的概念、特点和功能。

(2) 了解美国、意大利、法国、加拿大和日本等国外及我国休闲观光农业的发展情况。

(3) 理解我国休闲观光农业产生的背景和发展历程。

(4) 了解休闲观光农业的类型和产业模式。

(5) 掌握当前我国休闲观光农业发展中存在的问题和发展趋势。

技能目标

(1) 能通过各种渠道(实地调查、网络、图书、期刊等)调查、收集休闲观光农业的相关资料。

(2) 能自主学习国内外休闲观光农业发展的新模式、新机制、新方法、新规范。

(3) 会分析我国休闲观光农业发展中存在的问题。

1.1 休闲观光农业的概念、特征和功能

近几十年来,伴随全球农业的产业化发展,人们发现,现代农业不仅具有生产性功能,还具有改善生态环境质量,为人们提供观光、休闲、度假的生活性功能。随着全球性生态环境、资源问题的日趋严峻,以及人们生活节奏的加快、生活空间的缩小、生活水平和文化素质的不断提高,道法自然日渐成为人们的共识,返璞归真也成为人们的愿景,人们渴望到优美的农村环境中放松自己。于是,农业与旅游业边缘交叉的新兴产业——休闲观光农业应运而生。

1.1.1 休闲观光农业的概念

休闲观光农业是指利用农业自然环境、田园景观、农业生产、农业经营、农业设施、农耕文化、农家生活等旅游资源,通过科学规划和开发设计,满足游客观光、休闲、度假、体验、娱乐、健身等多项需求的旅游经营活动。

休闲观光农业是以农业为基础,以休闲为目的,以服务为手段,以城市游客为目标,将农业和旅游业相结合、第一产业和第三产业相结合的新兴产业。

1.1.2 休闲观光农业的特征

休闲观光农业是现代农业和旅游业有机结合的一种人工设计系统,因此既要保留农业的生产属性,又要具备旅游业的服务特征,具有农业和旅游业的双重属性。

①休闲观光农业的主体是农业,休闲观光农业的发展不能脱离农业生产功能。休闲观光农业的前提是要具有农业生产经营的特点,提供绿色和特色农产品,满足人们的物质需要。

②休闲观光农业是旅游业的一部分,提供旅游服务,具有休闲、娱乐和健身的功能,休闲观光农业的生产过程、农业景观、生态环境和管理过程要符合旅游业的要求。

③休闲观光农业的开发过程中,农业与旅游的项目选择要统筹兼顾,使生产功能与观光功能在同一载体得到表达,达到生产性与观赏性两相契合,实现效益互补。农事活动的安排和观光休闲活动的计划要协调有序。

④休闲观光农业是符合生态要求的农业生产方式和最经济化的土地利用,具有传递生态环境保护和可持续发展意识及科学考察等多种功能。在发展的过程中要注重保护生态环境,塑造乡村风貌。还要发展现代农业和第三产业,增加农民收益。

⑤休闲观光农业具有较强的参与性,游客能够参加农业生产劳动,亲近农业

景观，体验农村生活，学习农业生产技术，体验农业生产的乐趣。

⑥休闲观光农业具有显著的市场定向性。休闲观光农业主要是为那些不了解、不熟悉农业和农村，但想了解农业、参与农业、体验农村生活特点的城市居民服务的，休闲观光农业的目标市场在城市，其消费对象是城市居民。休闲观光农业经营必须有针对性，按季节特点开设观光旅游项目，扩大游客来源。

从以上特征可以看出，休闲观光农业是一种新型的产业，横跨多个学科、多个产业，农业及农村文化特色明显，形态、功能多样，实现了"三农"结合（以农业生产为基础，以农民为主体，与新农村建设相结合）、"三产"结合（农业与农村的一、二、三产业结合，农业与旅游服务业、商业、农村体育、文化等产业结合）和"三生"结合（农业生产、生态和满足城乡人民生活相结合）。

1.1.3 休闲观光农业的功能

从世界各国与国内各地的发展历程来看，休闲观光农业作为一种农业与旅游休闲服务业有机融合而演化出来的一种新兴产业，其所承载的基本功能有：

(1) 生产功能

休闲观光农业是融合第一产业和第三产业为一体的新兴产业，因此其生产功能是第一位的。它不但生产农产品，同时也生产旅游产品；不但生产物质产品，更生产精神产品。休闲观光农业的生产功能体现在其为服务对象提供农产品、农副产品和通过休闲体验所激发的心灵愉悦与升华的精神产品。

(2) 游憩与保健功能

为人们提供自然、清新的休闲场所，进行有益的休闲活动，可以让远离泥土气息的城市居民领略大自然的情趣，品味返璞归真的愉悦，解除工作、学习及生活的压力，起到调整心情、修身养性、促进健康的作用。

(3) 经济功能

休闲农业是在发展农业生产的基础上发展旅游业，在降低土地集约化的同时提高单位土地的收益，改善农业和农村的产业结构，增加乡村居民的就业机会，拓宽农村经济的发展渠道，提高农业和农民的收入，起到"兴一处旅游，富一方百姓"的作用。

(4) 社会功能

现代休闲观光农业，真正实现了经济、生态、社会效益的同步协调发展，加强了城乡居民的交流，拓宽乡村居民的人际关系，推进城镇化进程，缩小城乡差别，提升城乡生活品质，构建和谐社会。

(5) 教育功能

休闲观光农业的教育对象不仅有游客，还有开发者、决策者、管理者等。教育手段从单纯的让游客用心去感受，发展为充分利用现代科学、技术、艺术等知识展示自然，使人们能够直观形象地接受教育，大大提高教育效果。人们通过休闲观光农业活动，认识和学习农业和农耕文化，了解动、植物生长过程和农业科学知识，分享农业收获的喜悦，体验宁静朴实的乡村生活，激发热爱大自然、保护生态环境的环保意识和文明行动。

（6）环保功能

现代休闲观光农业将自然生态系统、农业生态系统、人工建筑系统有机地融为一体。在经过精心规划设计、建设改造和科学运行管理的休闲观光农业园区环境的熏陶下，乡村居民改变不良的生活习惯和一直向大自然索取的生活态度，主动改善环境卫生，提升环境品质，树立维护自然生态平衡的理念，主动参与环境资源保护，达到自然生态环境可持续发展的目的。

（7）文化传承功能

休闲观光农业着意表现的乡村景观，积淀着久远浑厚的历史和文化，使游人仿佛置身于一幅幅优美的山水写意画中，思古怀旧与诗情画意油然而生，令人心旷神怡。通过休闲观光农业的建设与发展，农村特有的农耕文化、生活文化、产业文化、民俗文化等具有特色的乡村文化得以保留、升华和继承，同时得到创新和发展，创造出具有独特风格的农村文化。

1.2 国外休闲观光农业的产生与发展

1.2.1 美国

19世纪，美国上流阶层中并不成熟的乡村旅游理念的产生可算作美国休闲观光农业的萌芽，而真正的发展则是从第二次世界大战后开始的。美国的休闲观光农业起源于传统农业牧场，其迅速发展离不开度假农庄及观光牧场的快速起步。美国境内的第一个休闲观光牧场是1880年在中西部的北达科他州成立，之后休闲观光农场就如雨后春笋般在美国各地兴起。1925年，出于行业发展的需要，美国多地的许多牧场联合成立了休闲观光农业相关的早期协会团体，以便与铁路公司等周边合作公司联系，并且集聚成团统一宣传以吸引客源，此举收到了明显成效，其后许多东岸的美国居民便前往西边的怀俄明州、蒙大拿州等地度假。此后，美国的休闲观光农业产业进入了蓬勃发展期，1970年时仅东部就有500处以上的休闲观光农场，到21世纪初时美国的休闲观光农场已超过2000处，其中以度假农庄与休闲观光牧场为代表。多项研究表明，美国超过1/2的国民都曾到农村地区进行休闲娱乐或旅行活动，其中以休闲为目的的比例竟然超过了90%。

目前，美国人普遍认同的农业旅游类型主要有 3 种：一是乡村文化遗产旅游，二是乡村自然生态旅游，三是以休闲和体验以及教育为目的的农业旅游。美国发展休闲观光农业，十分注重对原生自然生态和本土人文历史风情的保护，以及与居民社区的结合。

1.2.2 加拿大

加拿大是一个幅员辽阔、地广人稀的国家，具有优越而独特的资源、自然环境条件，因此，加拿大的休闲观光农业发展模式首先选择依托其资源要素、地理环境、气候条件和传统及现代化的农业耕作方式，以"感受自然""亲近自然"等生态理念大力发展乡土民俗体验型休闲观光农业项目。如美食之旅与休闲观光农业的有机结合就是一个典型的例子，成为加拿大休闲观光农业的突破点。将美食品尝环节设置在游览过程之中，通过食材搜寻、美味溯源等别样乡村探索之旅丰富了休闲观光农业旅行项目的文化内涵。安大略省的"地区美酒之路"、魁北克省的"果汁之路"等都是其中的代表。此外，加拿大还有"荒野行"、动植物研究及观鸟之旅，游客不仅能欣赏到美丽的风景，还能了解当地的人文历史、地质条件以及动植物的分布状况等。

为了弘扬和宣传其多元的文化，加拿大在传统村镇的保护工作上可谓不遗余力。黑溪先祖村是位于多伦多市北约克区的民俗村，村内的农场、古宅、公共设施等文化景观遗产全部保留着 1860 年前后的风格，杂货店、铁匠铺、鞋匠铺、磨坊、学校、邮局、印刷社、法院等应有尽有。为了营造出历史上的社会生活环境，现今在村中生活、工作的人们仍然保持着古旧的着装风格，从业结构也仿照当年。步入黑溪先祖村，游客会依稀感受到 19 世纪维多利亚时代乡村的古老气息，有一种恍如隔世的感觉。

1.2.3 法国

早在 1855 年，法国有一位名叫欧贝尔的国家参议员带领一群贵族到巴黎郊区农村度假，他们品尝野味，学习制作肥鹅肝酱馅饼，观赏田园风光，乘坐独木舟，伐木种树，清理灌木丛，挖池塘淤泥，学习养蜂，与当地农民同吃、同住，开创了休闲观光农业旅游的先例。从 20 世纪 60 年代法国推出乡村旅游后，法国的休闲观光农业得到了快速发展。研究资料表明，法国的乡村休闲观光旅游从 2005 年开始，每年的游客多达 3500 万人次，每年为法国带来逾 200 亿欧元的经济收入；截至 2012 年，法国有休闲观光农场 101.7 万个，其中大于 $50hm^2$ 的农场 17.2 万个，约占农场总数的 17%。农场类型齐全，主要有农场客栈、点心农场、农产品农场、骑马农场、教学农场、探索农场、狩猎农场、露营农场以及葡萄酒庄园、薰衣草庄园等体验性农场。

法国休闲观光农业的快速发展得益于多个非政府组织机构的联合。法国农会常务委员会设立了农业与旅游接待服务处，并联合其他社会团体，如互助联盟、国家青年农民中心等组织，建立了"欢迎莅临农场"的组织网络，为法国农场划出明确定位区域，连接法国各大区农场，成为法国休闲观光农场强有力的促销策略。

1.2.4 意大利

早在1865年，意大利就成立了农业与旅游全国协会，引导城市居民到农村去体验农业野趣，与农民同吃、同住、同劳作，或者在农民的土地上搭起帐篷野营；游客可骑马、钓鱼、参与农活，食用新鲜的粮食、蔬菜、水果，喝纯净的山泉，购置新鲜的农副产品，体验全新的生活方式。在1985年，意大利第一部关于农业旅游的国家法律生效，旅游农场需通过严格的资质认证方可取得许可。在欧盟所有成员国中，意大利是首个将农业旅游纳入法律体系的国家。

目前，意大利的农业旅游已与现代化的农业和优美的自然环境、多姿多彩的民风民俗、新型生态环境及其他社会文化现象融合在一起，成为一个综合性项目，对乡村资源的综合开发和利用及改善城乡关系起着非常重要的纽带作用。意大利人民喜爱"绿色农业旅游"，尤其是近几年，意大利的生态农业旅游发展很快，已有1.15万家专门从事"绿色农业旅游"的管理企业，管辖的园区70%以上都配有运动与休闲器械，供那些喜欢健身运动的游客使用；55%的园区为外国游客提供外语服务，很好地解决了语言不通的问题。

1.2.5 日本

日本是"农家乐"旅游的发源地，1935年日本学者青鹿四郎出版的《农业经济地理》首次提出"农业观光"概念，随后在全国范围推广实施。如今日本的乡村旅游处于世界先进水平，全国绿色休闲观光设施已超5000个。

日本发展休闲观光农业十分注重地方实际和农业功能的结合，突出地方自然景观、历史文化、风土人情和农业特色。在1993年就推进"农山渔村休闲余暇"活动，1994年实施了"农山渔村余暇法"，在全国推出"都市—农山渔村共生对流活动""绿色旅游""一农村一景观""一村一品"等旅游活动项目，促进了日本休闲观光农业的蓬勃发展，产生了多种闻名世界的休闲观光农业新业态。如岩水县小岩井农场是一个有100余年历史的民间综合大农场，农场内设有动物广场、牧场馆、农具展览馆、花圃、自由广场、跑马场、射击场等，每年冬季都会举办大型冰雕展，农场平均每年接待游客约120万人次，赢得了可观的经济收入。以薰衣草闻名的北海道富田农场，年销售额达到9亿日元；农场将薰衣草主题花海和多类型花田结合，每年4~10月都有不同品种的花卉绽放以供游客观赏；农场有日本最大的干花展览馆"干花之舍"，充分利用花卉资源向加工产业链延伸，已开发出薰衣草精油、薰衣草香水等200多种产品。熊本县最大规模水果采摘且全年开放的吉次园休闲农场，是采摘草莓、葡萄、苹果和柑橘等多种水果的超人气休闲农场，农场凭借其独特的产品和周到的服务，在众多采摘农场中脱颖而出。

随着经济的发展和个人收入的提高，日本出现了农场租赁农园，农场主把一个大农园划分为若干个小园，分块租给个人、家庭或小团队。这些农园平时由农场主派人负责照料，并按照租赁者的意愿更换、增添农园内种植、养殖的品种，假日里由租赁者自行经营。在这种租赁经营中，农场主不仅可赚取高额的土地租金和管理费，而且有时还可获得农园的农产品。如静冈县岩田家庭出租农园，每个小区 $50m^2$，各种设备齐全，年租赁费 6 万日元。京都府城阳市专为老年人进行交流推出了"宫之谷银色农园"，共 350 个小区，每个小区 $15m^2$，60 岁以上老年人可签订 3 年合同，租赁费每年 3 万日元。

1.3 我国休闲观光农业的产生与发展

1.3.1 我国休闲观光农业的产生背景

（1）传统农业转型

传统农业生产力水平低，生产技术落后，仅提供粮食和原材料，利润薄，附加值低，发展的效益空间极为有限。改革开放后，大宗农产品相对过剩，农村剩余劳动力隐性失业增加，农民收入处于生存工资水平，使得农业的发展陷入困境。而休闲观光农业最显著的特点在于它打破了第一、二、三产业的界限，有效推动了农村 3 个产业的有机融合，延伸和拓展了农业的多功能，使其成为综合性很强的新兴产业。为促进传统农业转型，规范休闲观光农业的发展，中央政府从宏观层面给出了引导性文件，地方政府也出台了大量相关政策性文件。政策扶持是休闲观光农业发展的有力支撑，特别是"新农村建设"战略提出之后，各地政府加大了政策支持力度，为休闲观光农业带来了新的发展契机。

（2）居民收入持续增长

根据国际经验，人均 GDP（人均国内生产总值）达到 1000 美元时，旅游需求急剧膨胀，但主要是观光性旅游的需求；人均 GDP 达到 2000 美元时，将基本形成对休闲的多样化需求和多样化选择；人均 GDP 达到 3000 美元时，休闲度假需求就会产生。国家统计局数据显示，2003 年我国人均 GDP 超过 1000 美元，2006 年人均 GDP 超过 2000 美元，2008 年达到了 3313 美元，2018 年更是高达 9800 美元（2011 年为 5577 美元，2012 年为 6264 美元，2013 年为 6995 美元，2014 年为 7595 美元，2015 年为 8016 美元，2017 年为 8665 美元）。居民收入的持续增长为休闲的多样化选择提供了坚实的经济基础。

(3) 城市化进程加快

我国城市数量已从中华人民共和国成立前的 132 个增加到 2008 年的 655 个，城市化水平由 7.3% 提高到 45.68%。其中，100 万人口以上城市已从 1949 年的 10 个，发展到 2008 年的 122 个。但是，城市化也导致了城市居民生活环境的极端模式化，生活在钢筋混凝土建筑的狭小空间里，逐渐失去了与自然的和谐相依。因而，各种类型的休闲活动应运而生，休闲成为城市居民消费的新时尚，特别是周末休闲旅游已成为都市人调节生活方式的重要选择之一，休闲观光农业旅游就是其中的一种。

(4) 乡土文化回归

我国经历了数千年的农业社会时期，因此，农业社会里的种植业、人文、生态等元素，俨然成为人们的集体记忆。现代都市生活中，这些传统文化的潜在影响常使人们希望到农村，用身临其境的方式教育后代，或者亲自去感受那种神农氏"创耕耘，植五谷，驯畜禽，尝百草，创纺织，兴贸易"的农业生产过程，使自身得到一种返璞归真的回归感受。

(5) 旅游者消费观念转变

传统的游山玩水看大庙的旅游方式由于普遍具有"旅长游短"的特征，已不适应现代人的需要。随着社会的进步和生活水平的提高，人们的消费观念也发生了改变。由于对长期城市生活的厌倦，人们更经常、更普遍的是采取周末出游，目的不一定是游览风景名胜而是回归自然，走得也不一定很远，就在城市周边地区，主要是体验幽静的田园生活，感受农村田野的宁静、清新的空气和纯朴的民风。

(6) 休闲时间增加

我国自 1995 年开始实施每周 5 天工作制，1999 年 9 月开始实行 3 个"长假日"制度（劳动节、国庆节、春节），2007 年劳动节调整为"小黄金周"，我国公众普遍享有国家法定假日全年 116 天。其中，学生和教师则全年约 140 天；公务员及外企管理人员全年约 124 天；离、退休人员绝大多数赋闲在家。这些休闲假日为发展休闲农业提供了时间保证，休闲旅游的发展与人们日益增多的休闲时间相伴而生。据统计，18 世纪前，人们可用于休闲的时间只有 17%，19 世纪为 23%，而现在已达 32%。

(7) 道路与交通改善

70 多年来，我国的道路交通建设取得了举世瞩目的成就。据交通运输部统计，截至 2018 年 12 月，全国农村公路总的里程已经达到 405 万 km^2，乡镇通客车率为 99.1%，具备条件的建制村通客车率为 96.5%（注：经省市级国家机关批准设置的村，称为建制村）。道路的改善为城市居民到农村旅游提供了极为方便的出行条件。另外，休闲观光农业旅游大多数是短途旅游，以自驾游为主。据交通管理局统计，截至 2019 年 6 月，全国机动车保有量为 3.4 亿辆，其中私家车保有量超过 1.98 亿辆，平均 4 人占有 1 辆车。私人汽车的快速增加，也极大促进了休闲观光农业旅游的发展。

1.3.2　我国休闲观光农业的发展历程

（1）萌芽和兴起阶段（1980—1990 年）

在少数改革开放较早和经济发展较快的地区，首先发展观光采摘业。这些地区根据当地特有的旅游资源，自发地开展了形式多样的农业观光旅游，举办荔枝节（深圳最早发展观光农业园，举办荔枝采摘节）、桃花节、西瓜节等农业节庆活动，吸引了城市游客前来观光旅游，增加了农民收入。如河北涞水县野三坡园区依托当地特有的自然资源，针对北京、天津、唐山旅游市场推出"观农家景、吃农家饭、住农家屋"等旅游活动，有力地带动了当地农民脱贫致富。

（2）初步发展和成长阶段（1991—2000 年）

该阶段正处在我国由计划经济向市场经济转变的时期，随着我国城市化发展和居民经济收入提高，消费结构开始改变，在解决温饱之后，有了观光、休闲、旅游的新需求。同时，农村产业结构需要优化调整，农民扩大就业，农民增收提到日程。在这种背景下，靠近大、中城市的郊区和沿海经济发达地区利用当地特有农业资源环境和特色农产品，开办了以观光为主的休闲观光农业园。

（3）较快发展和规范经营阶段（2001—2015 年）

该阶段处于我国人民生活由温饱型全面向小康型转变的阶段，人们的休闲旅游需求开始强烈，而且呈现出多样化的趋势：人们更加注重亲身体验和参与，更加注重绿色消费、文化内涵和科技知识性；政府积极关注和支持，组织编制发展规划；休闲观光农业的功能由单一的观光功能开始拓宽为观光、休闲、娱乐、度假、体验、学习、健康等综合功能。

（4）稳步发展和提升阶段（2016 年至今）

目前我国休闲观光农业产业正处在历史上最好的战略机遇期，是稳步发展和快速提升时期。2016—2019 年中央 1 号文件连续 4 年都提出要大力发展休闲观光农业和乡村旅游产业，要充分发挥乡村各类物质与非物质资源富集的独特优势，利用"旅游+""生态+"等模式，推进农业、林业与旅游、教育、文化、康养等产业深度融合；大力发展休闲度假、旅游观光、养生养老、创意农业、农耕体验、乡村手工艺等旅游项目，发展具有历史记忆、地域特点、民族风情的特色小镇，建设一村一品、一村一景、一村一韵的魅力村庄和宜游宜养的森林园区；根据各地具体条件，有规划地开发休闲农庄、乡村酒店、特色民宿、自驾露营、户外运动等乡村休闲度假产品，实施休闲观光农业和乡村旅游的提升工程。

1.3.3 我国休闲观光农业发展中存在的问题

(1) 特色不明显,发展不平衡

我国休闲观光农业的发展,兴起于改革开放以后,与世界和我国台湾地区相比起步较晚,但发展速度惊人,主要依托于国内市场的拉动。初期的低成本、高利润促使"千军万马"搞休闲观光农业,这一方面对休闲观光农业的发展具有很大的促进作用;另一方面,由于政府和经营者对休闲观光农业缺乏正确认识,缺乏整体规划和市场分析,使得休闲产品单一,缺乏特色,基础设施不完善,不同类型休闲观光农业定位的差异性小,同质化趋势严重。同时,休闲观光农业在全国范围内发展不平衡,多分布在东部经济发达省份、大城市郊区、著名景点周边以及特色农业地区。

(2) 主管部门不明确,市场监管不完善

休闲观光农业是一种新兴产业,是各地经济发展过程中自发形成、快速发展起来的,但是其发展无序、建设重复、市场混乱,缺乏必要的规划论证和宏观管理以及调控市场的基本规则,其中管理体制不顺是最大的障碍和问题。休闲观光农业作为一个横跨农业、旅游业、服务业等多产业、多行业管理的新兴产业,其经营管理涉及农业、旅游、工商、质检、环保以及公安等多个政府部门。休闲观光农业的注册登记、农业生产、旅游管理、总体规划、监督检查以及环境保护和治安管理等,迫切需要政府主管部门发挥经济调控职能,培育并规范市场,引导休闲观光农业的发展。

(3) 人员素质不高,服务意识不强

目前,休闲观光农业经营管理人员大多是原来从事农业生产、加工、营销的农民,缺乏休闲业管理经验。服务从业人员大多也是农民,从整体上来看素质仍然偏低,服务意识缺乏。因此,休闲观光农业的管理和服务难以满足市场对高档次的休闲服务要求,难以满足人们对休闲观光农业深层次的文化和生态内涵的心理渴求。

(4) 规划不科学,管理不规范

休闲观光农业基本上是以乡村企业、农民自主开发为主。近年来,一些地方政府、经营者和农户急于发展经济增加收入,凭着一股热情,没有做市场调查和投资分析,就利用现有农田、果园、牧场、养殖场一哄而上,使得项目设计趋同,布局不尽合理,功能不配套,市场定位不明,缺乏个性化和文化内涵,简单效仿,粗放经营,在开发建设上随意性较大,存在着一定的无序性和盲目性。结果造成同一地区内项目建设重复,功能雷同,互相竞争,效益低下。最终因低层次开发,产品品位不高,配套设施和环境较差而逐渐衰落直至停业,甚至有的地方造成了生态环境和景观的破坏性开发。

(5) 资金投入不充足，政府扶持不到位

发展休闲观光农业虽然以利用当地农业资源和农业生产为基础，但搞好住宿设施、饮食设施、卫生设施、安全设施等需要大量资金的投入。然而，各级政府对休闲观光农业的扶持资金和政策不到位，乡村农民资金缺乏，使得休闲观光农业发展多表现为规模小、档次低、设施简陋，内容不够丰富，生态、文化内涵不深，社会影响力不大，缺乏品位和吸引力，招商引资困难，制约着休闲观光农业的发展。

(6) 法规不健全，政策不明朗

目前，农民群众具有兴办旅游的积极性，但许多地方政府对发展休闲观光农业尚未制定优惠政策，税收、贷款、用地、工商管理、食品、卫生、安全保证等政策尚无明确规范，也没有制定全国性的休闲观光农业管理办法。没有政策，没有法规，就难以管理，也难以保证其健康、可持续发展。

1.3.4　我国休闲观光农业的发展趋势

我国发展休闲观光农业具有得天独厚的条件、巨大的潜力和广阔的前景。未来休闲观光农业将朝着这5个趋势发展。

(1) 农业智能化

伴随着5G技术的普及，传统的休闲观光农业将产生巨大转变。5G时代物联网技术的应用，将进一步推动休闲观光农业朝着自动化、信息化、智能化和现代化发展。通过物联网、大数据和5G网络通信等技术，农业生产不断朝着精准化种植、可视化管理和智能化决策发展，从而衍生出了智慧农业管理观光园、农业工厂观光园、智能农业仪器设备体验园、可视化农业云观光等未来新模式(图1-1)。

图1-1　智慧农业管理观光园

(2) 农业多产化

休闲观光农业的核心客户群体是城市居民，因此，要围绕城市居民特点布局各种类型的休闲观光农业项目，包括果蔬采摘园、智能大棚生态餐厅、农家乐、特色民俗活动等，还可以承办婚庆活动、团建活动等，极大地促进乡村民俗文化宣传，带动乡村的观赏园艺种植和果蔬家禽消费(图1-2、图1-3)。

图1-2　观光瓜果长廊　　　　　　　　图1-3　大棚生态餐厅

（3）农村园区化

将风景园林、景观园艺、农村区域规划等概念与乡村当地风貌相结合，打造美丽乡村或旅游度假地，并深入挖掘本土的农耕文化和民俗资源，形成园区化的休闲观光农村(图1-4至图1-7)。

（4）农民多业化

休闲观光农业的发展，应形成以旅游业为主业，种植业为副业的模式。在这一模式中，农民既要当好耕作者、劳动者，更要当好经营者、服务者。因此，需要用培育经营管理人才的理念来培养农民，使其逐步向新型职业农民转变(图1-8)。

图1-4　油菜花休闲观光园　　　　　　图1-5　民俗文化村

图1-6　桃花休闲观光园

图1-7　荷花休闲观光园

图1-8　农民为游客提供多种服务

(5) 资源产品化

调查和收集农村现有生产资料和生活资料，并整合成具有乡土特色的地方文化品牌，以此为基础衍生出更具特色的乡村旅游模式，如田园农业旅游、民俗风情旅游、农家乐旅游、村落乡镇旅游、科普教育旅游等（图1-9、图1-10）。

图1-9　科普教育旅游

图1-10　民俗蛇文化旅游

1.3.5 推进我国休闲观光农业发展的对策建议

针对目前我国休闲观光农业的发展状况和问题，提出以下对策建议。

(1) 理顺管理体制

休闲观光农业作为现代农业的重要组成部分，是农民增收的重要渠道，应明确农业农村部作为主管部门的责任，协调相关部门形成合力，降低政府管理成本，增加管理效果。建议由农业农村部牵头会同旅游、林业、水利、工商等部门建立"全国休闲观光农业发展联席会议制度"，统一指导全国休闲观光农业的发展。各部门按照各自的职责分工，各司其职，避免出现职能交叉重叠、职责不清、权责分离、管理缺位等问题，为休闲观光农业的健康发展创造良好的外部条件。

(2) 加强政府引导

各级政府要充分认识到大力发展休闲观光农业对建设社会主义新农村和现代农业、促进城乡和谐发展的重要意义，高度重视，采取有效的措施，积极引导休闲观光农业健康快速发展。各级行政主管部门，尤其是大中城市周边和风景名胜区周围的农业、旅游、林业、水利等各级各类行政主管部门，都应该将发展休闲观光农业作为促进当地经济发展和新农村建设的一项重要措施和抓手，积极主动地把休闲观光农业发展列入新农村建设规划，摆上重要议事日程。

(3) 加大扶持力度

休闲观光农业是在建设社会主义新农村的大背景下出现的一种新的现代农业产业化模式。新农村建设需要有现代农业的支撑，需要有新型农民的支撑。所以，国家应该加大对休闲观光农业的政策和资金支持力度，把发展休闲观光农业作为新农村建设的一个重要抓手。

(4) 制定发展规划和相关标准

组织专家开展深入的调查研究，全面了解休闲观光农业发展的基本情况，研究制定促进休闲观光农业发展的规划和引导发展的标准。一是根据我国各地区休闲观光农业发展的状况，制定休闲观光农业的发展规划，科学布局，分类指导，明确区域定位、功能定位、形态定位、市场定位，促进全国休闲观光农业的发展。二是根据不同形式休闲观光农业的发展状况和特点，对我国的休闲观光农业进行系统的界定和分类。在突出不同地域、文化、人文理念和特色的前提下，由农业农村部制定相应的行业标准，积极引导并规范休闲观光农业科学、系统、可持续发展。

(5) 建立农民利益保障机制

如果在休闲观光农业的发展过程中，农民始终不能成为产业发展的主要受益群体，那么势必会严重挫伤农民对发展休闲观光农业的热情和积极性。过去一些农业观光园区建设都是由一些有资金实力的公司投资兴建，农民往往只能依靠雇佣关系获得微薄的报酬。因此，在发展休闲观光农业时，要探索保护当地农民合法权益的机制，按照"自愿、合法、有偿"的原则，鼓励农民以土地（包括果园、池塘、农业生产设施等）入股、以劳动入股，成为休闲观光农业园区和配套设施建设的股东和主人，实现按股分红，确保农民有合法和稳定的收益，以提高农民对发展休闲观光农业的积极性，使休闲观光农业企业与农民"心往一处想，劲往一处使"，共同以主人翁的姿态促进当地休闲观光农业的发展。

(6) 加强理论研究

由于休闲观光农业是介于农业、服务业、旅游业之间，横跨第一产业与第三产业的新兴产业形式，可以称之为一种新的农业产业化模式，是发展现代农业的一种新的重大突破，因此要加强对这种新兴产业发展的理论研究。国内外已经出现了一些关于发展休闲观光农业的新思路、新探索和新思考，同时也出现了体验经济学、休憩产业、绿色GDP等新的理论研究成果。按照宏观经济学的GDP发展对人们物质、精神追求变化产生的影响，以及恩格尔系数的降低对休闲、养生需求的影响等相关理论，完全有可能从理论的角度对休闲观光农业的发展做出解释。因此，建议由农业农村部牵头，集中组织一批农业经济、旅游经济、休憩产业等方面的专家对发展休闲观光农业的理论进行系统的分析和研究，探索休闲观光农业发展的理论依据和发展方向。

(7) 加强国际合作

发达国家休闲观光农业起步早，已经取得了显著的成绩，也积累了一些经验，值得借鉴。为了提升我国休闲观光农业的发展水平，应积极推进国际合作，组织相关人员赴国外进行交流考察。

1.4 我国休闲观光农业的类型

1.4.1 根据发展过程划分

休闲观光农业首先起源于大中城市周边地带，如深圳、广州、北京、上海等地，是我国发展休闲观光农业较早的地区。在发展模式上，出现了自发式、自主式、开发式3种类型（表1-1），它们与经济基础相对应。开发式的休闲观光农业旅游项目，最有可能的是在经济发达、旅游业具有相当基础的大、中城市周边出现。例如，投资15亿元的珠海现代农业公园及投资5亿元的苏州"未来农林大世界"等都属此类。

表 1-1　根据发展过程划分的休闲观光农业的类型

发展过程	旅游主题	主导者	市　场
自发式	不明确，仅作为休闲调剂	自发的个人或群体	①供求关系模糊；②个人需求导向
自主式	有一定的主题和活动安排	中小旅行社主动参与经营	①以短期盈利为目的；②产品导向开发式
开发式	有明确主题和系列活动策划	大型旅游企业集团开发经营	①以长期收益为目的；②项目投资导向

1.4.2　根据区域分布划分

从区域分布看，主要有园区边缘地区型、城市郊区型和老少边贫地区型 3 种类型（表 1-2）。

表 1-2　根据区域分布划分的休闲观光农业的类型

区域分布类型	发展动因、特点	案　例
园区边缘地区型	主要依托著名的风景名胜区发展起来的，是我国最早发展起来的休闲观光农业区，因远离都市客源市场和原有风景名胜区的阴影效应，发展较慢	浙江"两江一湖"风园区的渔家乐等
城市郊区型	主要是适应现代城市居民日益渴望摆脱快节奏、多污染的城市环境的需求，利用城市郊区相对良好的自然生态环境和独特的人文环境及区位优势、便利的交通条件发展起来的	上海城北的桃源民俗村、苏州的"未来农林大世界"等
老少边贫地区型	主要是在国家旅游扶贫政策的指导下，结合农业经济的地方特色，突出地域农业的生态特色和文化特色发展起来的，受交通和区域经济落后的制约，发展缓慢	江西井冈山的休闲观光农业区等

1.4.3　根据项目开发模式划分

从项目开发模式看，主要有观赏型、实践型和综合型 3 种旅游模式（表 1-3）。

表 1-3　根据项目开发模式划分的休闲观光农业的类型

项目开发模式	项目开发特点和活动类型
观赏型	以"眼观"为主，通过观赏达到旅游目的。通过参观一些具有当地特色的农业生产景观、农业生产经营模式、乡村民居建筑，由此了解当地风俗民情、传统文化和农业生产过程

(续)

项目开发模式	项目开发特点和活动类型
实践型	以亲身体验为特点,包括以下几种形式:品尝型,即以亲自动手采摘尝鲜为主要目的;操作型,让游客亲身实践,收获自己的劳动成果;学习型,让游客通过实践学习到一定的农业生产知识,体验农村生活,从中获得乐趣
综合型	把上述的某两种或几种模式结合起来,让游客进行全方位的旅游,体验"干农家活、吃农家饭、住农家房、赏农家景、享农家乐"的生活方式,以获得在城市中所体会不到的乐趣

1.4.4 根据功能组合划分

休闲观光农业是以农业观光、农业休闲功能为主,兼有度假、文化娱乐、体育运动等多功能的综合性游览区。按其不同的性质和功能进行空间区划,可分为4种类型(表1-4)。

表1-4 根据功能组合划分的休闲观光农业的类型

功能分区	所占规划面积	构成系统	功能导向	案 例
观赏区	50%~60%	①观赏型农田带、瓜果;②珍稀动物饲养;③花卉苗圃	使游客身临其境感受真切的田园风光和自然生机	福州的千江月休闲农场、珠海的蝴蝶公园、随州的银杏公园
示范区	15%~25%	①农业科技示范;②生态农业示范;③科普示范	以浓缩的典型,传授系统农业知识,增长见识	东莞年丰山庄的桑基鱼塘、苏州的"农林大世界"等
休闲区	10%~15%	①乡村民居;②乡村活动场所;③垂钓娱乐	营造游客能深入其中的乡村生活空间,参与体验并实现精神文化交流	宁德的知青农庄,井冈山的农民客栈、公社食堂
产品区	5%~10%	①可采摘的直销果园;②乡村工艺作坊;③乡村集市	让旅客充分体验劳动过程,并以亲身的交易方式回报乡村经济	东莞的动手果园、木兰川的"吱吱"土布坊

1.4.5 根据空间距离划分

根据离城市距离的远近,可分为以下2种类型(表1-5)。

表 1-5 休闲观光农业的空间格局类型

空间格局类型	特　　点
以观光、餐饮为主的短距离旅游圈	以城市为中心，大型城市周边 50km、中型城市周边 25km、小型城市周边 15km 范围区域，都是城市居民观光、餐饮、购物的旅游出行区域
以休闲、体验为主的较长距离旅游圈	以城市为中心，大型城市周边 250km、中型城市周边 150km、小型城市周边 80km 范围区域，都是城市居民观光、休闲、体验旅游出行的区域

　　目前，我国休闲观光农业的发展格局呈现从东部经济比较发达地区向中、西部经济欠发达地区扩展，从城市近郊区向中郊、远郊区发展，从大城市向中、小城市发展。比较集中的休闲观光农业区已经在京津冀地区、长三角地区、珠三角地区、成渝地区等形成。主要的休闲观光农业区位于南京地区、武汉地区、西安地区、昆明地区、沈大地区、郑州地区、济南地区、杭州地区、长沙地区、厦门地区、哈尔滨地区、乌鲁木齐地区。这些以城市为中心的休闲观光农业区带动了周围乡村地区休闲农业的发展，形成了点、线、面相结合的休闲观光农业新格局。

　　据统计，2018 年全国休闲农业和乡村旅游接待超 30 亿人次，营业收入超过 8000 亿元。截至 2019 年 5 月，全国已创建 388 个全国休闲农业和乡村旅游示范县（市）。据调查，如今游客出行中，有 1/4 的人愿意选择乡村民宿。2019 年"十一"黄金周期间，乡村民宿成为休闲度假的"新网红"，尤其在中西部地区，出现了精品乡村民宿、特色乡村民宿"一房难求"的现象。

1.4.6　根据经营模式划分

　　休闲观光农业根据经营模式来划分，主要有以下 7 种类型（表 1-6）。

表 1-6　根据经营模式划分的休闲观光农业的类型

主要类型	特　　点	案　例
田园农业休闲型	以农村田园景观、农业生产活动和特色农产品为休闲吸引物，开发农业游、林果游、花卉游、渔业游、牧业游等不同特色的主题休闲活动，满足游客体验农业、回归自然的心理需求	田园农业游、园林观光游、农业科技游、务农体验游等
民俗风情休闲型	以农村风土人情、民俗文化为休闲吸引物，充分突出农耕文化、乡土文化和民俗文化特色，开发农耕展示、民间技艺、时令民俗、节日庆典、民间歌舞等休闲活动，增加农业休闲的文化内涵	主要有农耕文化游、民俗文化游、乡土文化游、民族文化游等

(续)

主要类型	特点	案例
村落乡镇旅游型	以古村镇宅院建筑和新农村格局为休闲吸引物,开发休闲观光	古民居和古宅院游、民族村寨游、古镇建筑游、新村风貌游等
回归自然休闲型	利用农村优美的自然景观,如奇异的山水、绿色的森林、静荡的湖水,发展观山、赏景、登山、森林浴、滑雪、滑水等旅游活动,让游客感悟大自然、回归大自然	森林公园游、湿地公园游、水上乐园游、露宿营地游等
农家乐休闲型	农民利用自家庭院、自己生产的农产品及周围的田园风光、自然景点,吸引游客前来吃、住、玩、游、娱、购	农事参与农家乐游、民俗文化农家乐游、农业观光农家乐游、民居型农家乐游、休闲娱乐农家乐游等
科普教育型	利用农业观光园、农业科技生态园、农业产品展览馆、农业博览园或博物馆,为游客提供了解农业历史、学习农业技术、增长农业知识的旅游活动	农业科技教育游、休闲观光教育农业游、少儿教育农业游、农业博览园游等
休闲度假型	依托优美的自然乡野风景、舒适怡人的清新气候等,结合周围的田园景观和民俗文化,兴建一些休闲、娱乐设施,为游客提供休憩、度假、康养、娱乐、餐饮、健身等服务	休闲度假游、疗休养游、森林康养游、乡村酒店游等

1.4.7 根据产业领域划分

休闲观光农业涉及农业、林业、牧业、渔业和副业多种产业领域,类型众多(表1-7)。

表1-7 根据产业领域划分的休闲观光农业的类型

产业领域	主要类型
休闲观光种植业	休闲观光农作园、休闲观光果园、休闲观光蔬菜园、休闲观光花卉园、休闲观光香料饮料种植园
休闲观光林业	森林公园、天然林、人工林场
休闲观光畜牧养殖业	休闲观光牧场、休闲观光畜牧养殖场、森林动物园
休闲观光渔业	生产经营型、休闲垂钓型、观光疗养型、展示教育型
休闲观光农副业	休闲观光农副业

因我国休闲观光农业涉及农、林、牧、渔、副等产业领域,不同领域都有其独自特色,详细了解这些产业模式对休闲观光农业园的经营管理至关重要,所以下一节"我国休闲观光农业的产业模式"再做详细介绍。

1.5 我国休闲观光农业的产业模式

1.5.1 休闲观光种植业

休闲观光种植业是指以具有观光功能的种植业为资源进行开发的休闲观光农业产业。其利用现代化农业技术、设施和栽培手段，开发具有观赏价值的作物品种和作物园地，展示给游客的既可以是科技含量高、观赏性强的现代化种植业（如引进优质蔬菜、瓜果、花卉等作物新品种，建设农业新品种集锦公园或专类园，反季节作物栽培、无土栽培、智能化温室大棚、组织培养等），也可以是具有鲜明地方特色的传统种植业（如一望无际的麦田，黄花如海的油菜地，姹紫嫣红的桃李园等）。

休闲观光种植业可根据栽培作物类别（如果树、蔬菜、花卉及其他作物）、栽培技术（如传统种植、设施种植、精准型高新科技种植等）和作物配置栽培方式（如特色单一型、立体复合型等）进行分类。此处重点介绍按栽培作物类别分类的主要类型。

（1）休闲观光农作园

用于此类园的作物大多是当地的主栽作物（如北方的小麦、燕麦、玉米、高粱、大豆、棉花、油菜、甜菜、向日葵等，南方的水稻、甘薯、甘蔗、花生、木薯等），以一望无际的大手笔展现最具魅力的物候景象（如开花、结实、收获等），吸引成千上万的游客前来观赏。例如，云南罗平独特的气候，造就了罗平独特的生态农业。每年2~3月，连片的2000亩*油菜花在罗平坝子竞相怒放，绵延数十千米，似金浪滔滔的海洋。凡驻足这个最大的天然油菜花海的游客，无不感叹罗平是"金玉满堂之乡"。再如北京市的"玉米迷宫"，就是利用玉米高秆的遮蔽性，在玉米地中留出道路，只有鸟瞰整块玉米地时才能显现出这些通道组合起来的图案，而游客身在玉米地，走在通道中，不知道出口在何处，犹如在迷宫中行进，充满了探险的意味，由此造出适宜人们旅游观光、休闲度假的"迷宫阵"。其利用农业的特性将旅游业以及拓展训练巧妙地进行结合，让人们在享受自然风光、农业风情的同时再添童年乐趣。此外，通过不同时期作物生长过程的变化，以及每年"迷宫阵"设计方案变换花样，可以吸引大量旅游观光和采摘的回头客。这类休闲观光农业园创造出赏心悦目、回归自然、休闲度假的优美环境，使市民在观赏游玩中体验农业文明，接受农耕教育。

（2）休闲观光果园

观光果园是休闲观光农业产业的主力军。在休闲观光果园中，通常是把具有一

---

* 1亩≈667m^2。

定特色，栽培历史悠久，品种、变种丰富的果树分区栽培，建立专类观赏园。此处重点介绍观光林果园、品种展示园、园艺技艺园、观光采摘园、果树盆景园等。

①观光林果园　这是指有一定规模的果树种植园，少则几十公顷，多则上千公顷，是集园林、旅游、果园生产于一体，将生态、经济、科普、休闲有机结合的大型观光果树种植园。例如，安徽宣城恩龙山庄的银杏园和特色林果园。近70hm^{2}的银杏园一望无垠，春季漫山遍野一片翠绿，处处生机勃勃，让人感叹大自然的美丽和生命的美好；秋季一片金黄，果实缀满枝头，给人以丰收的喜庆。林果园方圆数十公顷，郁郁葱葱，春华秋实，收获季节硕果累累，枝头飘香，游人一路观赏游玩，还可以随时品尝到香甜嫩脆、美味各异的新鲜水果，陶醉于回归田园生活的乐趣中。

②果树品种展示园　这是指集中展示"新、奇、特、优"种类和新品种的果树种植园。展示园的内容多种多样，例如，在北方地区可利用大棚温室展示少见的荔枝、龙眼、杧果、菠萝、香蕉、火龙果等南方果树，使游客在感受南国风光的同时，还能品尝到新鲜的热带、亚热带水果；反之，在南方利用冬季或人工气候室使没有到过北方的人也能够见识并亲手从树上采摘和品尝到北方的新鲜果实。此外，特色新品种（如树香瓜、钙果、百香果、人参果、蛋黄果、黄金果、福星果、新西兰红梨等）也是展示的内容之一。此类园区有南京虞山宝岩高科技农林生态观光园（杨梅观赏区）、深圳"荔枝世界"、浙江玉环漩门湾休闲观光农业园中的百果园等。

③园艺技艺园　这是展示园艺栽培、嫁接、修剪技术的技艺园。通常采用不同的修剪方法，将果树培育或修剪成与常规生产栽培不同的树形。例如，将传统的球形苹果树冠修剪成篱壁形、树篱形，反过来把藤本的葡萄、猕猴桃修成无架的自立树形等。还有应用不同的嫁接技术，将不同种类、不同品种的果树嫁接在一起。例如，在海棠树上嫁接苹果，在桃树上嫁接杏树，不仅很有趣味，还是一种寓教于乐的良好的科普教育方式。

④观光采摘园　这是指以赏花采果为主题的果树种植园。在开花季节，花团锦簇，不仅让旅游者赏心悦目，还可了解果树开花的过程；果实成熟时，游客可以直接入内，享受采摘果实的乐趣。观光采摘园深受城市家庭的欢迎，周末或假期，一家老小来到园内，不仅欣赏了田园风光、享受到采摘的乐趣，还增进了家庭成员间的感情交流。对生产者来说，虽然增加了设施的投资，但节省了采摘和运销的费用，还增加了果品的附加值。在我国许多大中城市附近，这种类型的观光采摘园非常多见，有种类单一的观光采摘园（桃李园、樱桃园、草莓园、柑橘园、葡萄园等）或多种果树和品种汇集的观光采摘园（例如，将结果期不同的果树种类或品种合理搭配种植，使观光采摘园一年四季有花可赏，有果可摘）。此外，

市民还可认养承租自己喜欢的果树，果实成熟期间，承租人可呼朋唤友前往采摘，分享收获的喜悦。

⑤果树盆景园　盆景作为我国传统的园林艺术珍品，深受人们的喜爱。果树盆景是在盆栽果树的基础上，继承和发扬中国传统树桩盆景的造型艺术，用不同的整枝方法（如弯枝、引拉枝、盘枝等），使树形按栽培者的意愿生长，经过艺术加工处理，形成观赏价值很高的艺术品。将果树盆景园作为农业观光园中的一个专类园，能给广大游客带来更多的艺术享受：春花玲珑，婀娜多姿；夏季恰值果实发育、枝繁叶茂的时期，青枝碧果，隔日之间又换新颜，极富生活情趣和自然气息；秋果累累，色彩斑斓；冬季疏枝硬干，挺秀苍劲。果树在盆景中的应用主要有苹果、梨、石榴、桃、无花果、银杏等。另外，生长在深山野岭的野生果树，城市居民不常见到，其盆栽利用的价值更高。

（3）观赏蔬菜园

蔬菜一般是指除了粮食以外的可以用作菜肴、烹饪成为食品的其他植物（多属于草本植物）的总称。蔬菜种类繁多，主要有瓜类、绿叶类、茄果类、白菜类、块茎类、葱蒜类、甘蓝类、豆荚类、多年生菜类、水生菜类、菌类等。近年来出现的观赏蔬菜是利用形状特异、色泽艳丽的品种，以艺术化栽培形式和高科技种植技术，展现蔬菜的观赏功能，造就田园风光的新奇美妙。其通常以下形式出现：

①蔬菜花坛园　蔬菜花坛是将同期生长的多种蔬菜或不同颜色的同种蔬菜，根据一定的图案设计，栽种于特定规则式或自然式的苗床内，以展现群体美。常用的蔬菜花坛有花丛花坛、组群花坛、模纹花坛、立体花坛等。适宜制作蔬菜花坛的蔬菜种类很多，一般叶色或花色艳丽，植株高度比较一致的蔬菜均可，如甘蓝、花菜、生菜、苋菜、彩色菠菜、牛皮菜等。

②豆棚瓜架　这是蔬菜观光园中的独特景观，是"房前屋后种瓜种豆"传统农家生活的写照，一般用攀缘性强的瓜类或豆类，搭建不同形式的棚架，种植各类形状的瓜、果类蔬菜。例如，颜色和形状怪异的南瓜、奇形怪状的葫芦、形状如蛇的蛇豆、果形优美的佛手瓜、开着或红或黄或白或紫色花的各种豆类、果实棱角分明的四棱豆、紫红色荚果的红扁豆、又长又红的彩色豇豆等。中国农业科学院培育的"番茄树"搭架形成巨大冠幅，可谓现代农业科技奇观，在温室大棚内多年生长，一株可以结1万多个番茄，常年挂果，非常壮观。

③特种蔬菜观光园　我国野菜种类多、资源丰富、分布地区广泛，几乎可与人工培育的蔬菜相媲美。开发野菜类观光园旨在供人们观赏和采摘食用。许多野菜的花色、叶色具有很高的观赏价值，且营养丰富，风味独特，其中的很多种类还具有保健和药用价值。习惯了美味佳肴的城市居民到观光园观赏的同时品尝或

购买野菜已成"食尚"。目前开发种植的野菜有马齿苋、山芹、苣荬菜、蕨菜、苋菜、枸杞叶、蒲菜、人参菜、革命菜等。

④水生蔬菜园　其水生蔬菜大多原产于我国，易栽培管理，常见的有莲、千屈菜、蒲菜、豆瓣菜、茭白、慈姑、水芹、水芋、莼菜等。其中，莲是我国传统园林常用的植物材料，莲的花和叶是吸引游客的主角。利用水田、池塘、湖面、低洼地、浅水沼泽地栽植水生蔬菜，构建独特的水生蔬菜生态农业景观，使观赏者增加观赏兴趣。

⑤根茎类特种蔬菜园　大多数根茎类蔬菜都有诱人的香味、鲜艳的色泽、独特的形状。袖珍根茎类又以其小巧玲珑、美观可爱备受人们的欢迎。例如，红色的樱桃萝卜、紫色的铃铛花（特菜桔梗）、洁白的百合花等，它们不但花好看，根茎还有很高的营养价值。另外，紫红色叶子的红芜菁、红色叶子的根甜菜、紫色花冠顶端五齿裂的婆罗门参等都是很好的观赏根茎类蔬菜。

除以上形式外，观光蔬菜园还有特色蔬菜品种展示园、蔬菜盆景园、豆类蔬菜观光园、葱蒜类蔬菜观光园等。

(4)休闲观光花卉园

花卉是人类最早自发观赏的尤物，更是当代休闲观光农业的宠儿。观光花卉可以不同的姿态存在，可以单一品种种植（如月季园、牡丹园、兰圃、樱花园等），也可以奇花荟萃，百花齐放，四季繁花似锦。

①花卉种植园　休闲观光农业中的花卉种植园是集生产、观赏、科普、示范栽植于一体的多功能观光农园。一般是在大面积种植花卉的生产企业或绿化苗圃的基础上转型而来。特别是切花生产本身就具有很高的观赏价值。例如，月季种植园、唐菖蒲种植园、热带兰种植园、鹤望兰（天堂鸟）种植园等。游览者除了能陶醉于鲜花的海洋外，还可以亲自采摘、购买美丽的鲜花及其制品。此外，鲜切花交易场所也可以作为观光的好去处。

②观花草药园　中草药是我国特有的，也是休闲观光农业的魅力元素之一。许多观光农园都开辟观花草药区（百草园），景天三七、蒲公英、桔梗、百合、藿香、射干等有着艳丽花色的药草是百草园中引人注目的主角。广东三水侨新农业生态园中的百草园就是典型代表。

(5)休闲观光香料饮料植物种植园

可用于观光种植业的香料饮料植物种类包括茶、香草类（如薰衣草、迷迭香、罗勒等）、香草兰、咖啡、胡椒等，用于休闲观光农业最广泛的有茶园和香草园。

①茶园　茶为世界三大饮料作物之一，也称茶树，是山茶科（茶科）山茶属植物的泛称，为多年生常绿的灌木、小乔木、乔木。茶业与观光旅游业的有机结合，

可以产生双赢的社会经济效果。我国产茶历史悠久，茶文化源远流长，在长期的实践中形成了包括茶道、茶艺、茶诗、茶书、茶画、茶具、茶饮、茶俗等内容丰富的茶文化，成为中华民族传统文化的重要组成部分。发展休闲观光茶园，可以使传统的茶叶生产过程转变为人类观赏与体验茶事活动的全新过程，使茶业具有生产和观光的双重属性，同时将农事活动和休闲旅游融为一体，实现了第一产业与第三产业的跨越式对接和优势互补。建立生态型观光茶园，既可带动茶业的发展，也有利于旅游业的发展，两者结合必将产生双赢的社会经济效果，对实现茶业的可持续发展有积极的意义。例如，地处广东梅县雁洋镇境内的雁南飞茶田，是把农业与旅游有机结合，融茶叶、水果生产与园林绿化和旅游度假于一体的生态农业示范基地及旅游度假村。

②香草园　香草是香料植物的泛称。香花、香草等香料植物，含有芳香性挥发油、抗氧化剂、杀菌素，不仅可驱蚊蝇、美化环境、净化空气、美化居室，还广泛用于美容、沐浴、饮食及医疗。从香料植物提取的香精油与干燥香料物质，是食品、化妆品、香皂、医药工业的重要添香剂。香草料理、香草饮品、香草疗法等应运而生，先是风靡美国、日本，后风行我国。有人专门种植供人欣赏的香草园，优雅的环境散发着各种香草的芳香，令人心旷神怡。

用于观光香草园种植的主要品种有薰衣草、迷迭香、罗勒、薄荷、香茅等。世界上芳香植物大面积种植的地方都成为旅游胜地，如法国的普罗旺斯是世界闻名的薰衣草故乡，日本北海道的富良野被誉为"东方的普罗旺斯"。我国台湾以观光旅游休闲为目的的香草园已遍布宝岛南北。台湾高雄县一个以种植香草闻名的香草园里，种植有100余种欧洲香草，每年薰衣草开花时，紫色的花海、浓郁的芳香吸引着大批市民前去观赏。用香草调味制作的薰衣草鸡丁饭、香草烤鲈鱼、香草冰激凌、香草沙拉、薰衣草饼干及香草茶等香草食品更是别有一番风味。我国大陆较有特色的香草园是新疆芳香植物科技开发股份有限公司建设的芳草植物生态观光园，其是集芳香植物、自然风光、文化、科技、娱乐、旅游为一体的度假区。

1.5.2　休闲观光林业

休闲观光林业是以森林资源为依托，以旅游活动为载体，利用森林景观等自然资源，将生产、生活、生态结合起来，为游客提供观光度假、休憩疗养、科学考察、文化教育、野餐露宿、购买林副产品等旅游活动的新兴产业。例如，具有休闲观光功能的森林公园、森林人家、人工林场等。

（1）森林公园

森林公园是具有一定规模和质量的森林风景资源和环境条件，可以开展森林旅游，并按法定程序申报批准的森林地域。建立森林公园的目的是保护其范围内的一切自然环境和自然资源，并为人们游憩、疗养、避暑、健身、文化娱乐和科学研究提供良好的环境。我国具有代表性的森林公园有吉林长白山国家森林公园、云南西双版纳热带雨林国家公园、杭州青山湖国家森林公园、陕西太白山国家森林公园、湖南张家界国家森林公园、海南吊罗山国家森林公园、浙江千岛湖国家森林公园、广西十万大山国家森林公园等。

森林公园的主要资源有：地文资源，包括典型地质构造、标准地层剖面、生物化石点、自然灾变遗迹、名山、火山熔岩景观、蚀余景观、奇特与象形山石、沙（砾石）地、沙（砾石）滩、岛屿、洞穴及其他地文景观；水文资源，包括风景河段、漂流河段、湖泊、瀑布、温泉、小溪、冰川及其他水文景观；生物资源，包括各种自然或人工栽植的森林、草原、草甸、古树名木、奇花异草、大众花木等植物景观，以及野生或人工培育的动物及其他生物资源及景观；人文资源，包括历史古迹、古今建筑、社会风情、地方产品、光辉人物、历史成就及其他人文景观；天象资源，包括雪景、雨景、云海、朝晖、夕阳、蜃景、极光、雾凇、彩霞及其他天象景观。

典型案例

北京百望山森林公园

北京百望山森林公园面积200hm²，位于颐和园北3km处，京密引水渠绕山而过。百望山是太行山延伸到华北平原最东端的山峰，素有"太行前哨第一峰"的美称。百望山主峰海拔210m，突兀挺拔，是登高游览的好去处。公园内森林茂密，植被覆盖率高达95%以上，空气中含有丰富的负氧离子，素有"北京城市氧源"之称。百望山的红叶更是绚烂多彩，每逢金秋，近67hm²的红叶林竞相展艳，红得透亮，红得醉人，成为人们赏红叶的绝佳场所。百望山森林公园优美的自然风光与独特的人文景观交相辉映，集休闲、教育、体育、艺术、旅游等多种功能于一园，是市民进行爱国主义教育、环保教育、郊野旅游的理想场所。

(2) 森林人家

"森林人家"是以良好的森林资源环境为背景，以有游憩价值的古民居、古道、古树、古民俗、古遗迹和民俗文化为依托，充分利用森林生态资源和乡土特色产品，融森林文化与民俗风情为一体，建设具有较高游憩价值的森林旅游景观，为城市游客提供价廉物美的吃、住、游、娱、购等旅游活动为主的森林休闲体验产业。

"森林人家"是建立在一定的森林自然资源和环境景观资源的基础上的，其基本要求是以森林文化为指导，突出森林在景观资源中的主体地位。可以说若是没有这些具有较高游憩价值的景观，"森林人家"就只能称之为普通的"农家乐"。

典型案例

福建省"森林人家"

  福建省森林覆盖率高达66.8%，已连续40年位居全国第一。2006年，福建省启动"森林人家"建设，由农户或林业转岗职工依托森林资源景观开展森林休闲健康游，通过制定"森林人家"的建设条件、标准和等级评定等，开展"森林人家"试点示范并给予一定资金扶持。福建省林业厅为此制定了《福建省森林人家管理暂行办法》和《森林人家建设指导意见》。2007年，福建设计的"森林人家"标识在全省推广使用。2008年，福建省林业厅受福建省质量技术监督局委托，制定出台了福建省地方标准《森林人家基本条件》《森林人家等级划分与评定》，这些通过评审的"森林人家"建设标准已成为国家行业标准。2012年，福建省林业厅正式授权国家林业局森林公园管理办公室在全国范围内推广使用"森林人家"标识，以更好发挥"森林人家"品牌效应，促进全国森林休闲观光旅游业的发展。2017年，福建省各地的"森林人家"建设获得了良好的成效，示范带动效果日益明显。以泉州市为例，2017年上半年泉州市"森林人家"旅游创收达6483万元，接待游客超过200万人次，解决劳动就业人数将近900人。

(3) 人工林场

  人工林场是人工营造的森林。人工林场的经营目的明确，树种选择、空间配置及其他造林技术措施都是按照人们的要求来安排的，使得人工林有可能比天然林获得更好的速生丰产优质的效果。位于我国台湾中部的东势林场，是一个以造林为主的林场，面积有225hm^2。原来主要产木材，收入很低，1984年参照日本"休养林"方法改造东势林场，成为以农业形态经营的游乐林场，正式对外开放。从过去单一生产木材的林场，变成了台湾中部高度开发的森林休闲游乐区。由于海拔较高，在改建成休闲林场时，引进了近100种四季花卉大面积种植，无论春、夏、秋、冬，不同的鲜花会在不同的季节争相怒放，各展风姿。林场内种植的杉木、油桐、枫树、樟树等，井然有序，各蕴其趣。当杉木生机盎然的新叶渐渐变绿时，油桐雪一般的白花便在盛夏绽开笑意；当秋风、黄叶为山林带来几分萧瑟时，枫树便用一片片红色装扮山林；到了落叶飘零的冬季，林场内20hm^{2}近3000株的梅树花开满林，芳香扑鼻，沁人心脾。花的世界、林的海洋，使得东势林场名扬全岛。

1.5.3　休闲观光畜牧养殖业

休闲观光畜牧养殖业是指具有观光性的牧场、养殖场、森林动物园和狩猎场等，为游人提供观光和体验牧业生活的乐趣。草原放牧、马场比赛、猎场狩猎、奶牛场挤奶制酪等活动，都是观光畜牧业的主题卖点。

休闲观光畜牧养殖业既具有丰富膳食功能、动物生产功能、社会生活服务功能、调节生态功能，也具有旅游观光功能、文化功能和示范教育功能等，融生产、生活、生态和示范等多种功能于一体。

（1）休闲观光牧场

牧场是放养牲畜的草地。休闲观光牧场是利用广袤草原、牧民新村、草原牲畜等旅游资源，通过科学规划，形成以牧业生产为主、农业观光为辅的休闲观光农业景观，可开展以下观光旅游项目：

①草原休闲观光　草原夏季，绿草如茵、坦荡无际；秋天，风吹草低，牛、羊成群，骏马奔驰。极目远眺，蓝天、白云与草原、羊群连成一片，间或传来骏马嘶鸣和牧羊人的口哨，令人心旷神怡、浮想联翩。

②牧区生活体验　利用牧民新村和乳制品、饲草饲料加工区、风味美食馆等形成集度假、娱乐和饮食于一体的牧区生活体验项目。例如，宿游牧之家，品牧区餐饮，体验放牧、挤奶、剪羊毛等民族特色活动和牧民生活。

③草原竞技　利用天然草场，开展草原骑射、草地摩托车竞技、草原空中历险、草地足球、草地风筝、赛马等竞技活动。

④滑草　是休闲观光农业娱乐休闲的经典项目，保持了浓郁的大自然气息。春、夏绿草如茵，秋、冬金黄色的草坪让人感到煦煦暖意，为都市人群提供了一个回归大自然、亲近大自然的好去处。滑草运动不但能锻炼身体，还能解除人们积聚多时的压抑和烦闷，使身心放松，是一项集健身和娱乐于一体的健康运动。目前，苏州"未来农林大世界"、台湾走马濑农场和深圳光明农场有此项目。

休闲观光牧场的动物是景观的重要组成部分。动物景观的最大特点是观赏位置的不定性。在保证生产的前提下，对动物合理利用，改善动物生境，提高动物数量等，将会给观光牧场的游憩活动增添许多情趣。

典型案例

山东临沂盛能农牧观光园

山东临沂盛能农牧观光园建于1997年9月，总规划面积133hm^2，目前已建成特色农牧观光园、现代化乳品生产区、观光休闲区三大园区，有天然牧场、鸵鸟和梅花鹿养殖场，以及百鸟园、百花园等12个具代表性的景点。在宽阔的天然牧场上，种植着从国外引进的大片紫花苜蓿和黑麦草，饲养着上千头优良奶牛，游客在这里可以体验牧牛挤奶、品尝新鲜牛奶制品的乐趣。园内饲养鸵鸟1000余只，年产蛋4000多枚；饲养梅花鹿1200头，是山东最大的梅花鹿养殖基地。园内建有空山鸟语、百鸟朝凤、沙鸥落雁等景点，饲养有丹顶鹤、白天鹅、蓝白孔雀、灰白鹤、大小白鹭、大雁等80余种奇禽珍鸟，并成功地自然孵化出黑天鹅和东方白鹤等国家一、二级保护鸟类，成为山东首家鸟类科普宣传教育基地。园内的生态园酒店更是别有情趣，室内四周奇花异草环绕，景色优雅宜人，游客在这里既可以品尝酱香鹿肉等特色菜，又可以欣赏天然美景，可谓既饱了口福，又饱了眼福。

（2）休闲观光畜牧养殖场

观光畜牧养殖场的主要特点是游客观赏和亲近家禽、家畜等农家动物，可与之嬉戏。此类项目可以培养游客（特别是青少年）的爱心，培养人与自然和谐相处的情操。比较常见的建设项目如下：

①特禽园（鸵鸟园、孔雀园等）　特禽园可以饲养单一或不同的禽类品种。经过驯化，特禽容易与游客亲近。在园里可以亲手喂孔雀，与孔雀同舞，学习有关孔雀的知识。通过参与饲养动物，增加农业技术常识。例如，了解鸵鸟的养殖及肉、蛋、皮、毛等深加工工艺。

②羊之家　游客可在园里喂养小羊，与小羊嬉戏，培养游客（特别是青少年）的爱心，培养人与动物和谐相处的情操；剪羊毛是"羊之家"经典的观赏体验项目，国内外许多观光畜牧场都设有此项活动。

③动物竞技场　游客可以与动物（如小猪、小兔、小牛）亲密接触，可以观看小猪赛跑与杂技表演、斗鸡、斗牛等娱乐节目。

④示范奶牛场　游客可亲自喂养奶牛，自行挤奶，与奶牛合影，还可以了解到鲜奶的生产过程等知识。

典型案例

深圳光明农科大观园奶牛示范基地

深圳光明农科大观园奶牛示范基地是集奶牛饲养、牛奶生产、加工、科普及观光旅游为一体的农业高科技生态园，是全国农业旅游示范点。奶牛直接从加拿大、美国、德国、丹麦、新西兰等国家引进；生产区进行全封闭式管理，在无污染的天然牧场，用农场自产无污染的山水、草料及科学配制的营养饲料进行饲养；从挤奶、输送、冷藏、运输到加工全部采用丹麦 STRANGO 公司和瑞典利乐公司的先进设备进行全密封式生产，整个过程全部实行计算机化、智能化、自动化管理，以确保新鲜卫生。在晨光奶牛示范场，可以参观汇集了世界上各种奶牛的图片及生活习性、牛奶营养卫生知识介绍的科普长廊；可以观赏并体验奶牛饲养过程(亲自给奶牛喂草、喂奶)，品尝纯鲜牛奶，参观自动化挤奶过程、人工挤奶表演和牛奶加工生产线等，孩子们还可以在少儿绘画区里随意绘画。

(3) 森林动物园

森林动物园是开展森林游览、动物观赏、文化娱乐、休闲避暑、野营、科普教育等为主要功能的综合性游乐园。森林与野生动物共同组成了迷人的农业景观，动物以森林为家，森林因动物而添色。野生动物是森林动物园最重要的生态旅游资源。例如，鸟禽(丹顶鹤、天鹅、白鹤、鸳鸯、金雕、海雕、鸵鸟、孔雀等)、猛兽(老虎、狮子、豹、黑熊、狼等)、大型动物(长颈鹿、河马、犀牛、大象等)、珍稀动物(熊猫、金丝猴等)和爬行动物(蛇、蜥蜴、鳄鱼等)等。园区可设鸟语林，观百鸟风姿，听千鸟歌唱，还可以欣赏精彩的鸟艺表演；猛兽驯养区有动物表演，狮、虎、熊等猛兽大显身手，场面壮观，令人大开眼界；动物散养区的野化训练是为了培养猛兽野外的生存能力，营造猛虎捕食幼弱动物的直观场面，还原野性。

典型案例

青岛森林野生动物园

青岛森林野生动物园是集放养、圈养、笼养于一体，融青山、绿水、动物、人群、自然于一体的高品位生态园区。园区现有白鸽广场、鹦鹉苑、小动物乐园、跑马场、鸵鸟苑、亚洲动物区、非洲动物区、猴山、孔雀苑、斗兽场、表演场、猛兽区、熊池、禽鸣长廊、熊猫馆等。动物园内散养着263个品种、5000多头(只)野生动物，充分展示了动物栖息的自然野性。游客行走在人行观光桥上，穿梭于丛林之间，听虎啸狮吼，觅熊迹豹斑，可近距离地观赏野生动物，体验人与动物共享自然、和谐相处的乐趣，让人有返璞归真的真切感受。

1.5.4 休闲观光渔业

休闲观光渔业是利用海洋和淡水渔业资源、陆上渔村村舍、渔业公共设施、渔业生产器具、渔产品，结合当地的生产环境和人文环境而规划设计相关活动和观光的场所，提供给民众体验渔业活动并达到旅游观光、休闲娱乐功能的一种产业,是一种集渔业、旅游、休闲为一体的新兴渔业产业。

休闲观光渔业是渔业与旅游业紧密结合的新兴产业,打破了渔业生产的单一性。主要有以下4种类型。

(1) 生产经营型

渔场以渔业生产为主,辅以垂钓等休闲项目的生产经营方式。例如,浙江诸暨市白塔湖渔场休闲园是国有养殖企业——白塔湖渔场养殖产业的延伸。渔场共有水面 $34hm^2$,东距绍兴市区 38km,北离杭州 50km,西毗南方五金城 5km,南临珍珠市场 8km,水面连接浦阳江,直通杭州湾,地理优势明显,地域经济发达,交通便捷。白塔湖湖中有田,田中有湖,主要养殖、繁殖鱼类和珍珠,年产普通鱼类 16 万 kg、特种水产 5000kg。白塔湖水产资源丰富,鱼肥、质优、味美。白塔湖水面宽阔,风光旖旎,渔场利用养殖区域的苇荡、滩涂建设休闲渔业园,建造 $20hm^2$ 休闲垂钓区。白塔湖渔场休闲园充分利用其独特的地理环境和充足的自然资源,打造一个充满渔业特色的休闲园区。

(2) 休闲垂钓型

利用渔场以开展垂钓为主,集游乐、健身、餐饮于一体的休闲渔业。休闲渔场包括休闲养殖渔场和沿岸休闲渔场。休闲养殖渔场在养殖区可开展游泳、水上度假、渔乡生活体验、鱼池垂钓、捉泥鳅、摸蛤蜊、溯溪、野餐、海鲜餐饮、民宿等休闲游憩活动。垂钓是现代都市垂钓爱好者节假日度假休闲旅游或商贸洽谈的重要休闲娱乐活动,是休闲观光农业极具特色的项目,又可以进一步分解为垂钓、渔家餐饮、渔家生活体验、渔村休闲度假等。海岸休闲渔场可开展岸上及海上的休闲游憩活动,如登眺望台和奇岩区、露营烤肉、岸钓、亲水、潜水、帆船运动、体验渔村文化和渔村生活、参观渔业文物馆、接受海洋生态环境教育等活动。

(3) 观光疗养型

观光疗养是指在环境幽雅的场所结合周围旅游景点,综合开发水资源,"住水边、玩水面、食水鲜",具有垂钓、餐饮、观景、休闲、度假、避暑等综合性功能。例如,北京市怀柔区雁栖镇的莲花泉虹鳟鱼养殖垂钓一条沟,泉水清澈,沿岸有 100 余家集虹鳟鱼观赏、垂钓、烧烤、食宿、娱乐于一体的垂钓园、度假山庄,可同时接待上万人食宿。

(4) 展示教育型

展示鱼类为主。例如,锦鲤池和水族馆。锦鲤池建成后水清鱼美,观赏价值很高,人可以亲近鱼儿,甚至可以与鱼互动。锦鲤池作为旅游观光也是一道亮丽的水体景观,多数农业观光园都设有锦鲤池。水族馆是指用窗或水下通道等各种形式,以展示海洋鱼类为主,集科普教育、观赏娱乐于一体的现代化博物馆。例如,上海长风公园海底世界、浦东海洋水族馆等。

1.5.5 休闲观光农副业

在我国农业中,副业有两种含义:一是指传统农业中,农户从事农业主要生产以外的其他生产事业。在多数地区,以种植业为主业,以饲养猪、鸡等畜禽,采集野生植物和从事家庭手工业等为副业。二是在农业内部的部门划分中,把种植业、林业、畜牧业、渔业以外的生产事业均划为副业。后一种含义的副业包括的内容有:采集野生植物,如采集野生药材、野生油料、野生淀粉原料、野生纤维、野果、野菜和柴草等;捕猎野兽;依附于农业并具有工业性质的生产活动,如农副产品加工、手工业,以及砖、瓦、灰、沙、石等建筑材料生产。

我国农村有丰富的副业资源,将副业的内容融入休闲观光农业园中,能够极大地丰富休闲观光农业的趣味性、体验性和教育性。休闲观光农副业就是充分利用农村的副业资源来开展各种休闲、体验、娱乐、教育等活动:利用具有地方特色的工艺品及其加工制作过程,如利用竹子、麦秸、玉米叶等编造多种美术工艺品,利用椰子壳制作兼有实用和纪念用途的茶具,利用棕榈编织小人、脸谱及玩具等;利用当地农特产品的加工过程,如茶叶、木耳、咖啡、胡椒、花椒、枸杞、葛根、莲子等农产品加工过程;利用当地特色小吃及其加工过程,如糍粑、粽子、草粉面条、香草糕点等。以上介绍的3个方面都可作为休闲观光副业的项目进行深度开发。

典型案例

南平印象小密·中国包酒文化博览园

中国包酒文化博览园位于"中国包酒文化之乡"的福建省南平市浦城县,建于2013年,占地100亩,目前已投资1.6亿元,是福建省首批观光工厂之一。2017年4月,晋升为国家4A级旅游园区,2019年1月被评为"中国包酒文化传承基地",小密包酒传统酿造工艺已被列入福建省非物质文化遗产。博览园坐落于浦城县郊区9km处,临近武夷山机场,园区口与205国道接壤,京台高速贯穿园区西侧,交通十分便利。

中国包酒文化博览园的主体由"源远流长""千年传承""香飘万里"3个部分组成,建筑风格充分体现了徽派建造的结构特色,同时在细节处展现出苏州园林的意境之美。漫步在399m的观光长廊,既能欣赏到古老的小密包酒文化、陶艺文化及浦城历史,又可以看到完整的传统小密包酒酿造工艺,让游客仿佛穿越到了400

年前的包酒酿造现场。

博览园以中国传统文化为核心,结合浦城特色和小密包酒文化,集生产经营、观光旅游、民宿餐饮、风俗文化、娱乐购物等于一体,形成了以工业带动旅游业,以旅游业助推工业的休闲观光模式,这种模式得到了各级领导的高度认可,并吸引了福建省及江苏、浙江、上海等周边省份各级政府、企业代表团前来参观学习,起到了很好的示范作用(图1-11)。

图1-11 中国包酒文化博览园

实践教学

实训 1-1 休闲观光农业发展背景分析

一、实训目的

1. 通过实训对休闲观光农业的特点、功能能够正确理解,并产生感性认识。
2. 会分析我国某个地区休闲观光农业产生的背景。
3. 了解国外、我国台湾休闲观光农业的发展情况。
4. 培养分组协作能力和对材料、数据等信息整理分析的能力。

二、内容与要求

本实训主要以资料文献的查找和相关数据、图文的收集为主。小组组织讨论,形成调查分析报告的 Word 文档和班级交流汇报材料(如 PPT)。

三、组织与实施

1. 以实训小组为单位进行实训,小组规模一般为 4~6 人,分组时要注意小组成员的地域分布、知识、技能、兴趣、性格的互补性,合理分组,并定出组长,由组长协调工作。
2. 全体成员共同参与,分工协作完成任务,并组织讨论、交流。
3. 根据实训的调查分析报告和汇报情况,相互点评,进行实训成效评价。

四、评价与标准

实训评价指标与标准见表 1-8 所列。

表 1-8 实训评价指标与标准

评估指标	评估等级			自评	组评	总评
	好(80~100分)	中(60~80分)	差(60分以下)			
项目实训准备(10分)	分工明确,能对实训内容事先进行精心准备	分工明确,能对实训内容进行准备,但不够充分	分工不够明确,事先无准备			
相关知识运用(20分)	能够熟练、自如地运用所学的知识进行分析,分析准确、到位	基本能够运用所学知识进行分析,分析基本准确,但不够充分	不能够运用所学知识分析实际			
实训报告质量(30分)	报告结构完整,论点正确,论据充分,分析准确、透彻	报告基本完整,能够根据实际情况进行分析	报告不完整,分析缺乏个人观点			

(续)

评估指标	评估等级			自评	组评	总评
	好(80~100分)	中(60~80分)	差(60分以下)			
实训汇报情况（20分）	报告结构完整，逻辑性强，语言表达清晰，言简意赅，讲演形象好	报告结构基本完整，有一定的逻辑性，语言表达清晰，讲演形象较好	汇报材料组织一般，条理性不强，讲演不够严谨，讲演形象差			
实训态度、完成情况（20分）	热情，态度认真，服从工作分配，能够出色地完成任务	有一定热情，态度较端正，基本能够完成任务	敷衍了事，态度不端正，不能完成任务			

五、作业

实训结束后，以小组为单位各提交一份我国某地区休闲观光农业产生背景分析报告。

实训1-2　我国休闲观光农业的发展现状及对策分析

一、实训目的

1. 会分析我国某个地区休闲观光农业的发展现状、存在问题及发展对策。
2. 对我国休闲观光农业的发展模式有全面、正确的理解，培养思考能力。
3. 学会撰写关于我国某地休闲观光农业的发展现状及对策分析报告。
4. 通过汇报交流，提高组织协调能力、表达能力和分析能力。

二、内容与要求

利用周末或节假日选择本地市、县或区进行实地调查。以实地调查为主，结合资料文献的查找，收集相关数据和图文，组织小组集体分析、讨论，形成调查分析报告的Word文档，再以PPT文档形式交流汇报。

三、组织与实施

1. 以实训小组为单位进行实训，小组规模一般为4~6人，分组时要注意小组成员的地域分布、知识、技能、兴趣、性格的互补性，合理分组，并定出组长，由组长协调工作。
2. 全体成员共同参与，分工协作完成任务，并组织讨论、交流。
3. 根据实训的调查分析报告和汇报情况，相互点评，进行实训成效评价。

四、评价与标准

实训评价指标与标准见表1-9所列。

表1-9 实训评价指标与标准

评估指标	评估等级			自评	组评	总评
	好（80~100分）	中（60~80分）	差（60分以下）			
项目实训准备（10分）	分工明确，能对实训内容事先进行精心准备	分工明确，能对实训内容进行准备，但不够充分	分工不够明确，事先无准备			
相关知识运用（20分）	能够熟练、自如地运用所学的知识进行分析，分析准确、到位	基本能够运用所学知识进行分析，分析基本准确，但不够充分	不能够运用所学知识分析实际			
实训报告质量（30分）	报告结构完整，论点正确，论据充分，分析准确、透彻	报告基本完整，能够根据实际情况进行分析	报告不完整，分析缺乏个人观点			
实训汇报情况（20分）	报告结构完整，逻辑性强，语言表达清晰，言简意赅，讲演形象好	报告结构基本完整，有一定的逻辑性，语言表达清晰，讲演形象较好	汇报材料组织一般，条理性不强，讲演不够严谨，讲演形象差			
实训态度、完成情况（20分）	热情，态度认真，服从工作分配，能够出色地完成任务	有一定热情，态度较端正，基本能够完成任务	敷衍了事，态度不端正，不能完成任务			

五、作业

实训结束后，以小组为单位各提交一份我国某地休闲观光农业的发展现状及对策分析报告。

小 结

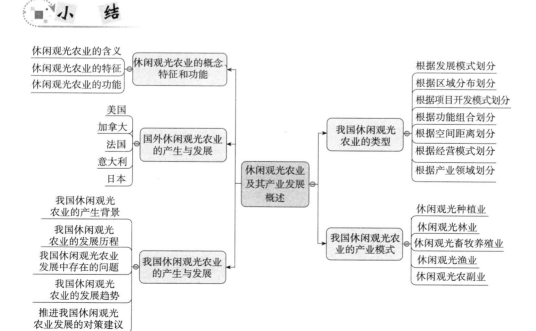

思考与练习

一、填空题

1. 休闲观光农业是以_____为基础，以_____为目的，以_____为手段，以_____为目标，第_____产业和第_____产业相结合的新兴产业。
2. 休闲观光农业具有生产功能、_____、_____、_____、_____、_____和_____七大功能。
3. 我国休闲观光农业从发展过程看，出现过_____、_____和_____3种类型；从项目开发上看，主要有_____、_____和_____3种类型。
4. 2004年福建省首批国家级休闲农业与乡村旅游示范点是_____和_____共2个。

二、简答题

1. 什么是休闲观光农业？其有何特点？
2. 如何理解休闲观光农业实现了"三农"结合、"三产"结合和"三生"结合？
3. 谈谈我国休闲观光农业产生的背景和发展历程。
4. 我国休闲观光农业按产业领域的模式来划分，主要有哪些类型？
5. 目前我国休闲观光农业在发展中主要存在哪些问题？有何解决对策？

三、能力训练题

选择本地一些具有代表性的休闲观光农业园区进行实地调查，分析其发展优势、经营特色及存在的问题。

自主学习资源库

1. 刘民乾，赵寒梅，许荣华，等．休闲观光农业．北京：中国农业科学技术出版社，2018．
2. 农业农村部农村社会事业发展中心．休闲农业与美丽乡村杂志．
3. 郭焕成，吕明伟，任国柱，等．休闲农业与乡村旅游发展工作手册．北京：中国建筑工业出版社，2011．
4. 农业部社会事业发展中心．休闲农业管理人员手册．北京：中国农业出版社，2010．
5. 中国休闲农业和乡村旅游网（http://www.shsyzx.agri.cn/）
6. 中国农业信息网（http://www.agri.gov.cn/）
7. 台湾休闲农业旅游网（https://www.taiwanfarm.com.tw/）

单元 2 休闲观光农业园经营管理概述

学习目标

知识目标

(1) 熟悉休闲观光农业园经营管理的内涵、目标和战略。

(2) 掌握休闲观光农业园目前常见的经营管理模式类型和特点。

技能目标

(1) 会分析发展目标和战略对休闲观光农业园经营管理的重要性。

(2) 能自主学习国内外休闲观光农业园发展较成功的经营管理模式案例，及时掌握新知识、新模式、新机制、新方法、新规范。

2.1 休闲观光农业园经营管理的内涵

2.1.1 园区经营管理的基本概念

(1) 园区经营管理的含义

休闲观光农业园经营管理是指园区经营者在了解市场的前提下，通过执行决策、组织、指挥、控制、协调、创新等职能，合理配置和有效调动园区的人、财、物、信息等资源，使园区形成最大接待能力，满足旅游消费者的需求，保证实现经济效益、社会效益和环境效益最大化的一个活动过程。

(2) 园区经营管理的要素

园区经营管理作为一种社会活动，主要由经营管理的主体、客体和管理职能3个基本要素组成。

①园区经营管理的主体　指园区管理机构和各级管理者，通常由4个部分组成：决策者、执行者、监督者和参谋者。管理主体起着主导作用，而管理主体发挥积极作用的程度依赖于主体本身的素质，因此管理主体的主观能动作用显得特别重要。

②园区经营管理的客体　园区经营管理的客体即园区管理的对象，是指园区实体，是管理主体可以支配并需要调用的一切资源。园区经营管理者依托这些客体向游客提供安全、周到、快捷的服务，从而获得利益。具体来说，园区经营管理的客体(对象)包括：人(员工的能力、态度、情绪、士气、绩效评价等)、财(资金、物资等)、物(旅游资源、配套服务设施、旅游环境等)、信息(市场信息、竞争情况、经营报表、管理报表等)、形象(园区的视角形象、产品定位等)、园区的市场和业务等。

总之，园区经营管理的主体和客体作为统一体的两个方面，两者是相互制约的。在经营管理中，主体起着主导作用，决定和支配着客体的运动，经营管理总是主体对客体产生的作用，客体又对主体产生反作用，进而促进园区的可持续发展。

③园区经营管理的职能　园区经营管理的核心是经营管理者执行管理职能，就是利用计划、决策、组织、指挥、协调、控制等管理职能实现园区的发展目标。经营管理者要让下级把工作做好，必须发挥指挥系统、执行系统、监督系统、反馈系统4个方面的功能，这4种功能相辅相成，缺一不可。在园区的实际工作中，为了加强某些管理功能，需专门设置一些部门和岗位，如设立园区质量管理部门来加强监督系统功能，设立游客意见征询主管来强化反馈系统功能。

2.1.2 园区经营管理的基本内容

园区经营管理是为了使园区运行更加有序、高效,"管什么""怎么管"成了园区管理的中心问题。管什么,是园区管理的对象和内容;怎么管,取决于管理的理论和思想。尤其大型园区,是由多种业务、多个部门综合而成的一个整体组织,各部门的业务各不相同,这就形成了庞杂的业务和烦琐的事务。因此,在园区经营管理中,主要做好以下几个方面的工作。

(1) 园区生产管理

休闲观光农业是生产、生活与生态结合的新型农业产业,但其首要功能还是生产功能,生产资源是园区的核心资源之一,所以生产管理在园区的经营管理中尤为重要。园区生产管理主要包括:生产规划、设施设备的配置、生产制度的设定、品种引进、生产进度的拟定、栽培及饲养管理、收获及加工管理等。

(2) 园区人力资源管理

人力资源是休闲观光农业园最基本、最重要的资源。园区的经营管理实质就是对"人"的管理,通过组织人员来使用和控制园区的其他资源,从而形成园区最大的服务接待能力,达到经营管理的预期目标。园区人力资源管理主要包括:园区组织管理机构、人力资源类型、人力资源开发、园区员工服务要求等内容。

(3) 园区市场营销管理

为了实现休闲观光农业园的战略目标,迫切需要实施市场营销管理,尤其是在市场竞争越来越激烈的情况下,市场营销关系到园区的生存和发展。园区市场营销管理主要包括:在调查和分析旅游市场的基础上,确定园区的目标市场和营销定位;针对市场进行园区产品设计和经营决策,制定有效营销策略和营销渠道,促销园区产品,并及时有效地接受消费信息反馈。

(4) 园区游客管理

园区内游客是旅游活动的主体,是园区的"主角"。可以说,园区的经营管理就是围绕着游客而开展的,因此,做好游客的服务与管理是园区的核心工作之一。园区游客管理主要包括:了解游客的个体特征、正确引导游客的旅游行为、建立良好的与游客沟通的机制、服务性管理与控制性管理相结合等内容。

(5) 园区服务管理

园区服务管理涵盖了吃、住、行、游、购、娱等方方面面,具有很高的综合性。服务管理是园区管理的核心内容之一,直接关系到园区的经济效益甚至园区的生存和发展,也关系到游客合法权益的维护。加强服务管理不仅可以推动园区产品质量的提高,而且可以提升园区形象,增强对外竞争力。园区服务管理主要包括:餐饮服务管理、住宿服务管理、解说服务管理、游客投诉管理等。

(6) 园区设施设备管理

为了能给游客在食、住、行、游、购、娱等方面提供优质的综合服务,设施设备的管理成为园区经营管理中的重要组成部分。设施设备管理是一种以园区最佳服务质量和经济效益为最终目标,以最经济的设施设备寿命周期费用和最高设施设备综合效能为直接目标,动员全体人员参加,应用现代科技和管理方法,通过计划、组织、指挥、协调、控制等环节,对设施设备系统进行综合管理的行为。园区设施设备包括基础设施、接待服务设施、游憩娱乐设施和农业生产设施等。园区设施设备的管理分为前期管理、服务期管理和后期管理等。

(7) 园区环境管理

现代休闲观光农业园的竞争,在很大程度上取决于环境质量的竞争,园区所处地区的自然环境和社会经济文化环境将深刻地影响园区的经营和发展。园区环境及其质量也是旅游产品的重要组成部分。园区环境管理包括园区内部自然环境管理(卫生管理、绿化管理、野生生物保护和管理、处理环境压力与社会经济之间的关系等)和社会人文环境的管理(员工与当地居民的环保意识、服务意识、友善程度等)。

(8) 园区旅游安全管理

从园区旅游运行的环节和园区旅游活动的特点来看,安全贯穿于园区旅游活动的六大环节,相应分为饮食安全、住宿安全、交通安全、游览安全、娱乐安全、购物安全六大类。可以说,没有安全,就没有旅游。园区旅游安全事故不仅给游客带来伤害,还给园区带来巨大经济损失,极大地破坏园区的形象。园区旅游安全管理主要包括:园区旅游安全问题、园区安全管理机制、园区安全维护和园区医疗服务管理等内容。

2.2 休闲观光农业园经营管理的目标和战略

2.2.1 园区经营管理的目标

园区经营管理的目标是实现综合效益(经济效益、社会效益和生态效益)的最大化。也就是说,能实现经济效益、社会效益和生态效益三者协调统一的旅游开发能可持续发展。要实现这三大效益,须落实以下4个方面的经营管理目标:

①保护园区资源,培育生态环境 保护园区的各种资源,特别是保护园区旅游资源免受破坏与污染。培育园区生态环境,优化游览环境,消除非常态环境要素,达到既维护资源品位,又为游客提供良好氛围的目的。

②加强园区经营管理,为游客提供满意的服务 园区管理的目标之一,就是

使游客满意地实现旅游活动。游客满意与否是园区各项工作的中心和基础。为游客提供良好的服务，是让游客高兴而来、满意而归的重要一环。

③发展旅游事业，促进地方经济发展　发展休闲观光农业旅游可以解决当地就业问题，带动农民就业增收；能促进当地餐饮、住宿、农产品加工、交通运输、建筑和文化等关联产业发展，延伸农业产业链，推动一、二、三产业良性互动。

④处理好利益关系，实现可持续发展　曾被誉为"无烟工业"的旅游业，自19世纪中期崛起以来，取得了重大的飞跃。但是，伴随旅游业的迅速发展，对一些地区环境、生态和社会造成的不良后果是严重的；旅游业在促进社会经济和文化发展的同时，对旅游资源的掠夺性开发、对旅游园区的粗放式管理、对旅游环境的污染、对旅游氛围的破坏、对旅游文明的践踏比比皆是，导致旅游的社会经济和文化作用减弱。人们逐渐认识到，旅游业并不是天生的"无烟工业"，只有从有效利用资源和环境保护的角度出发，才能使旅游业得到可持续发展，才能使旅游业成为永远的朝阳产业。所以，旅游园区的管理要处理好环境、社会和经济三大效益的关系，实现旅游园区的可持续发展。

2.2.2　园区经营管理战略

作为一个园区的管理者或服务人员，必须知晓园区的经营管理战略，才能更好地进行经营管理与服务。所谓旅游园区经营管理战略，就是指在市场经济条件下，根据园区外部环境的机遇与挑战、内部环境的长处与劣势，分析园区战略执行的能力与游客对园区旅游的需求，为实现园区的可持续发展，对园区实现发展目标的途径和手段进行谋划，制订出园区的总体策略。由于旅游园区的内外部环境是一个开放的动态变化系统，影响园区发展的各种要素都具有不确定性，因此，在园区经营战略制订与管理中，需拟定多种经营战略方案，最终选出能实现经营目标的切实可行的战略。

科学合理的战略，对于园区在激烈的市场竞争条件下开发独具特色的旅游产品，提升园区的知名度，促进园区的可持续发展，有着重要意义。由于不同旅游园区的类型与性质有差异，发展规模和目标市场也各不相同，旅游园区所选择的发展战略也略有差异，其中通常认为最重要的战略类型有以下几种。

(1) 质量战略

园区的质量管理要始于识别游客的需要，终于满足游客的需要，以游客的满意度为衡量标准。园区在游客休闲观光体验的全过程中，要对影响质量的所有环节和因素进行控制，形成一个综合的质量管理体系。在园区产品质量趋同的情况下，优质服务成为企业战胜对手的重要手段。园区的产品质量和服务质量越高，游客的满意度就越高，更重要的是，这些感到满意的游客很可能会成为回头客，还可以通过他们的宣传，获得更大的市场份额。所以园区不仅要对服务质量中的硬性指标负责，还要对服务的消费感受负责，而且功能性质量远比技术质量重要得多。

(2) 品牌战略

品牌战略就是园区将品牌作为核心竞争力，以获取差别利润与价值的企业经营战略，包括品牌决策、品牌选择、品牌形象、品牌管理与品牌发展等。对于消费者来说，品牌是一种错综复杂的象征，包含产品的名称、属性、包装、历史、声誉、价格、广告等，以及为消费者所认同的产品使用印象和经验。一个产品要形成品牌需要经过长期的经营与发展。旅游园区品牌是园区经过长期发展之后形成的，通常是以几个具有一定影响力的旅游项目品牌为基础，园区品牌又会推动旅游项目的成功。

形成品牌产品是基于其优于其他同类产品的差异性和特色，是通过园区形象、旅游产品特征、旅游服务质量控制等形式，努力形成其在整个旅游产业中独特鲜明的个性，使游客建立起品牌偏好与忠诚。这有助于园区利用游客对品牌园区的忠诚而有效避开价格竞争，促进园区向更高层次的文化竞争发展。品牌帮助园区把眼光从内部转移到外部，借助打造品牌能够获得外部市场的份额，能够非常实在地感受到品牌在应对竞争、吸引游客、提高收益方面的实际作用，从而自觉地将经营的重心转移到品牌的打造。

(3) 理念战略

经营理念是园区追求绩效的依据，是游客、竞争者及员工价值观与正确经营行为的确认，并在此基础上形成园区规划优势、发展方向、共同信念和追求目标。园区经营理念应当立足于园区大环境实际，脱离实际的理念是没有生命力的，而且要让全体员工理解经营理念，并要随着外部和内部环境的变化而修改和丰富。

经营理念战略思想包含的内容很多，需贯彻始终的是强烈的竞争意识和经营理念的创新。经营理念构成要素有企业使命、行为准则、企业文化、视觉系统、经营方针等内容。有了经营理念，才能统一员工的思想，使员工"劲往一处使"，朝同一方向迈进。

①保护环境，树立资源战略理念　园区的开发必须有良好的环境及其中的资源，这是建立园区的根本。发展旅游业应注重园区开发带来的自然、社会和经济影响，保持旅游大环境的稳定性。园区建设必须在对园区内自然和人文资源充分保护的基础上，严格遵循有关法规，做到严格保护、合理开发、科学经营，实现旅游资源的永续利用。要大力宣传保护环境和资源，形成人人参与保护环境的局

面。"环境保护是一项基本国策",在园区开发与管理中都要遵循,而且要有这种战略意识,才能把园区建设做好、做强。

②规范管理,提供一流服务理念　虽然旅游园区产品表达形式呈多样化,但其核心内容仍是服务。服务的特点就是产品供给与消费常常处于同一时间段,每一次服务失误都是一个不可"回炉"修复的遗憾的"废品"产出。在服务过程中的管理尤显重要,实际上,园区管理的核心就是服务管理。要始终坚持以"游客至上、服务第一"为宗旨,推动管理者和经营从业人员思想观念的根本转变。在服务过程的每个环节,在标准化、程序化、规范化服务的基础上,突出服务的个性化、人性化、细微化,从而为游客带来超值的旅游享受。

③精心经营,实现综合效益理念　众所周知,企业的发展目标就是谋求效益。如果没有效益,企业就不能生存。成功企业的"管理即效益"便是最经典的理念之一。而旅游园区这样的旅游企业更是如此,要在经营管理过程中获取更大的效益。当然,此处所指的效益,不但是指经济效益,还应包括生态效益和社会效益,要实现三大效益的共赢。

④强化意识,树立可持续发展理念　旅游可持续发展是指在充分考虑旅游与自然资源、社会文化、生态环境的相互作用、影响的前提下,把旅游开发控制在环境承受能力之内,努力谋求旅游业与自然、社会文化、人类生存环境协调发展的一种旅游经济发展模式。因此,可持续发展是一个涉及经济、社会、文化及自然环境的综合概念,特别强调环境承载能力和资源永续利用对发展进程的重要性。可持续发展是建立在人与自然和谐相处基础上的"以人为本"的系统价值观的体现。可持续发展战略是一个具体的行动过程,是一个着眼于未来的战略。园区管理中,要强化可持续发展意识,实现园区资源的可持续利用。

2.3　休闲观光农业园经营管理模式

休闲观光农业是激活农业和农村资源,发挥资源文化和技术服务整体优势,创新拓展农村产业的一种复合型的新兴产业,其主体是循环经济与高新高效生态农业。作为农业主体产业的延伸,休闲观光农业是围绕农业生产和农村生活而开展的与农业生产关系密切的旅游服务业。休闲观光农业园的经营管理,是通过招徕和吸引游客前来开展休闲活动,获取社会、经济和生态效益,这也是各类休闲观光农业实体(农家乐、农庄、农场等园区)的目标和归宿。纵观国内外休闲观光农业的发展进程,从经营管理上看,并没有一个适合所有地方的模式。有研究者基于不同标准将休闲观光农业园的经营管理模式划分为不同类别。

2.3.1 依据休闲观光农业资源划分

按休闲观光农业资源的不同,可将休闲观光农业园区的经营管理模式分为以下5种。

(1) 农家乐型

这是休闲观光农业园发展的初期形式。该模式主要是依托农业资源(农作物种植、乡村景观、生态环境等),吸引都市居民以住农家院、吃农家饭、品农家情、购农家物和干农家活为主,农民利用自己的庭院和责任地从事旅游接待活动。从接待方看,多数农家乐仅停留在提供餐饮及棋牌娱乐方面,顾客的选择标准也大多注重菜肴味道、卫生条件、合理的价格和良好的服务态度,而对周边环境和田园风光没有过多的关注。例如,浙江省安吉县报福镇、云南省昆明市西山区团结镇、河南省栾川县重渡沟村等均属于此类型。

(2) 园区依托型

以园区游客为主要的目标市场,吸引周边农民参与旅游接待和服务,农民还可以为游客提供旅游商品和农副产品,从而促进周边农村发展和农民增收致富。如福建省武夷山园区周边的民宿、北京市房山区十渡镇、山东省五莲县靴石村、江西省宜春市袁州区温汤镇、西藏自治区定日县扎西宗乡等均属于此类型,其中,西藏自治区定日县扎西宗乡的旅游宣传口号是"珠峰脚下的旅游之乡"。

(3) 特色产业带动型

该模式依托所在地区独特的优势,围绕一个特色产品或产业链,实行专业化生产经营,"一村一特"发展壮大,以此带动乡村旅游的发展。如挖掘历史文化,开发皇城相府的山西省晋城市阳城县皇城村;依托农产品如梨、西瓜及花卉产业发展的北京市大兴区庞各庄镇。

(4) 原生态文化村寨型

多存在于少数民族聚居地,是利用当地原生态的村寨文化资源,包括当地居住环境、建筑等独特性,以保护为主,因势利导开发旅游,促进乡村发展。如贵州省凯里市三棵树镇南花村和贵州省安顺市平坝区天龙镇天龙村等。

(5) 民族风情型

也多存在于少数民族聚居地,是以农村民俗风情为载体开展旅游活动的发展模式。民族风情的内容包括地方特有的风俗和风貌,主要利用节日、礼仪、歌舞、服饰、民间工艺、宗教等吸引游客。如青海省互助县土族民俗村、吉林省延边朝鲜族自治州安图县红旗村和黑龙江省齐齐哈尔市梅里斯达斡尔族区哈拉新村等。

除此之外,还有以江苏省江阴市华士镇华西村、上海市奉贤区申隆生态园等为代表的现代农村展示型，以江苏省常熟市蒋巷村、海南省海口市美兰区演丰镇和广西壮族自治区北流市民乐镇罗政村等为代表的生态环境示范型，以及以四川省广安市广安区牌坊村、河北省平山县西柏坡镇等为代表的红色旅游结合型经营管理模式。

2.3.2 依据主体管理方式划分

政府、集体、村民、旅游企业、公众等是休闲观光农业开发的利益相关者，开发主体的不同，必然带来管理方式上的差异。按管理方式不同，可将休闲观光农业的经营管理模式划分为以下两种。

2.3.2.1 村委会参与管理的经营模式

村委会参与组织管理当地休闲观光农业发展，以村民全面参与乡村旅游开发管理并获益为核心，依托乡村丰富的自然资源和多彩的民族风情，以城市居民为主要客源市场，以实现乡村经济可持续发展为目标，实行集观光、度假、求知、休闲、娱乐等为一体的多形式、多层次、多地域的乡村旅游开发管理形式。该模式具有投资规模合理、参与性强、适用面广、示范性强、效益长期性、发展可持续性等特点。在旅游景点上，由村委会组织成立旅游协会，统筹当地乡村旅游发展，主要做好两个方面的工作：对外，旅游协会负责开拓市场、宣传策划、与政府对接相关事宜；对内，统一标准，组织村民参与民俗表演、工艺制作、提供餐饮食宿、从事服务、维护和修缮乡村环境，协调村民之间的矛盾和纠纷。在这种管理模式中，村委会要充分发挥旅游产业链中各环节的优势，合理分享利益，避免乡村旅游过度开发商业化，保护本土文化，增强当地居民的自豪感，更好地促进乡村旅游的可持续发展。村委会必须把农户作为主体，要以广大农户的根本利益作为管理发展的出发点；各农户必须服从管理，利用自己的特长投入到旅游点的经营中去。如有农家乐的可以直接参与经营，有手艺的可以提供民间传统工艺品制作，或成立乡村歌舞团体，为游客提供民族传统歌舞表演，有的可进行特色种养殖，发展绿色蔬菜户、家禽养殖户及水产养殖户等，满足游客对绿色食品的需求，顺利调整农村产业结构，实现农村经济的良性发展；无以上条件的，可以提供劳动力输出等。

2.3.2.2 企业参与管理的经营模式

当前，休闲观光农业园的开发多采取"企业+基地(合作社)+农户"和股份制合作的经营模式。

(1)"企业+基地(合作社)+农户"

这是一种外来资金介入休闲观光农业园的经营模式，即由专营公司投入一定的人力和物力，对整个休闲观光农业园进行旅游开发，将休闲观光农业园作为旅游基地带动农户加盟旅游生产经营。企业有科学的管理经验、雄厚的资金和丰富的社会资源，引进企业进行经营管理是发展休闲观光农业的一条便捷之路。这种经营模式有利于吸引旅游开发商前来投资，共同建设休闲观光农业园，解决休闲观光农业开发资金不足的发展瓶颈。

在模式的运作中，企业负责旅游产品的开发和生产、对农户的专业培训和按照相关规定规范农户的行为、招徕游客和进行旅游推广等。农户主要参与旅游开发及接待服务。企业先与当地村委会合作，成立休闲观光农业开发合作社，通过合作社组织农户参与，但农户参与旅游开发及接待服务前必须要经过企业的前期专业培训，并按照相关合同、约定规范农户的行为，保证休闲观光农业开发管理水平的不断提高。企业和农户是主体，企业要善于处理与农户的关系，坚持以企业为龙头，以农户的生产、生活为基础，以利益合理分配为纽带，逐步形成利益共享、风险共担的管理联合体和经济共同体。这一模式中，企业必须根据当地人文、自然情况制订符合实际的发展规划，设计出灵活的经验机制，合理分流客源，提高设施的利用率。另外，必须注重农户的切身利益，这是能否成功运行的根本，通过管理机制，使土地使用权转让户、农家乐经营户、特色种养殖户、手工艺品生产户、劳动力提供者都能获得相应的收入。

（2）股份制合作经营

股份制是兼有资本合股和劳动联合经营的组织形式。在休闲观光农业的开发与经营管理中，村民在自愿的原则下入股，由村集体组建旅游公司。旅游公司与村集体和农户个体进行合作，把旅游资源、特殊技术、劳动力转化成股本，农户通过土地、技术、劳动等形式参与休闲观光农业开发，收益采用按股分红与按劳分红相结合的模式。这种模式一方面通过旅游企业的运营完成资本的集聚，企业投入公益金到当地，可促进旅游设施建设与维护，且有助于促进乡村公益事业（环境教育、经营技能培训等）的发展和乡村生态环境的保护；另一方面，由于村民凭借土地资源、特殊技能、劳动力入股，保障了村民就业机会，增加了收入，可极大提高村民参与发展休闲观光农业的积极性和保护旅游环境资源的自觉性。股份制合作模式要求休闲观光农业开发地有一定的经济实力作支撑，而对于经济基础薄弱的地区，仅依靠乡村投资进行股份制合作经营，开发建设休闲观光农业有一定的局限性。

2.3.3 依据休闲观光农业园与周边环境是否隔离划分

2.3.3.1 封闭式

封闭式管理，即利用休闲农园的天然屏障或围栏等设施与居民区隔离，使整个园区成为一个独立的实体，游客与当地居民不发生任何交易行为。封闭式管理主要是采取园区"一票制"消费。所谓"一票制"，是指休闲观光农业园将其拥有的所有景点或一部分景点集中制作一张门票，游客购买一次门票就能享受所包括景点的游览服务，免去多次购买各景点门票的不便。封闭式管理能为管理者带来诸多便利，简化了管理程序，提高了管理效率，缩短了回收周期。但是在管理过程中，必须考虑各方利益的平衡，尤其要处理好与园区外围村民和其他旅游投资主体的利益关系，从而实现休闲观光农业园持续、稳定地发展。

2.3.3.2 开放式

开放式管理，即取消门票，游客可任意进园参观、游览、消费。这种管理模式突破了以往门票经济的局限，把旅游园区融入所处的环境之中，形成旅游消费的大超市，可刺激游客参与更多的非门票消费，拓展旅游产业链条，带动相关行业发展，促进当地产业结构调整与优化，增加旅游园区总收益。实施开放式管理模式，要考虑到休闲观光农业区的发展目标、层次，旅游产品的丰富度，以及旅游承载量等因素，主要满足3个方面内容：一是休闲观光农业园的旅游产品应十分丰富，旅游配套应齐全，能为游客提供食、住、游、购、娱等一站式旅游服务，并且需要有品种齐全的旅游产品延长游客的驻留时间，从而带动其他方面的消费，增加地方收益；二是休闲观光农业园客源数量充足，大量的游客消费能够保证休闲观光农业园旅游项目的正常运转并获利；三是休闲观光农业园的旅游承载量大于游客入园访问量，或者当旅游承载量超载时具备有效的应对措施。

2.3.3.3 村委会式

所谓村委会式管理，是指休闲园区采取收取门票的方式进行统一管理，但是村民居住区与园区相融合，村民利益以村委会的方式与园区收益挂钩，园区与村民收益分红，共同推动休闲观光农业园的发展。休闲观光农业园多以租赁农民土地的方式进行旅游开发，通常园区毗邻村落，易与附近村民发生利益冲突，村委会式管理可有效解决二者之间的利益冲突，促进休闲观光农业园与邻近村落和谐共处。这种管理模式不需要休闲观光农业园与周围环境完全隔离，同时以收益分红的形式分配给村民较多的旅游收入，将村民利益与休闲观光农业园发展业绩捆绑在一起，能极大地调动当地村民参与乡村旅游开发的积极性，可最大限度地减少园区与地方村民的利益矛盾。

总之，无论采取何种经营管理方式，在休闲观光农业开发中，政府、村集体、村民是行动主体，要确保经营管理方式的有效运作，需要政府驱动、部门联动、村民为主体、协会管理、公司运作。"政府驱动"是指当地政府通过加大财政投入、制定休闲观光农业开发准入制度、制定发展规划和招商引资等措施,有意识地引导和规范休闲观光农业的发展。政府驱动要避免将政府作为主体,政府的职能是宏观上的引导、协调和规范。"部门联动"是指由政府牵头,成立以旅游、农业、安监、卫生、环保、财政、交通、城管、工商、建设、规划、文化等部门为成员的休闲观光农业领导小组,各部门按照各自的工作职责分工协作、齐抓共管,同时,实行区、乡级两级管理模式,乡镇分管领导具体负责本地区的乡村旅游发展,明确责任制,列入年度考核内容,为乡村旅游和休闲观光农业的健康发展提供有力的组织保障。"村民为主体"是指休闲观光农业发展是以广大农户的根本利益为出发点和归宿,村民应意识到主体的角色,服从政府管理,积极以主体的角色参与开发,保护生态环境。"协会管理"是指成立休闲观光农业相关协会。在我国台湾,农会和农业推广学会等农业组织的引导和推动对休闲观光农业发展起着重要作用。在日本,休闲观光农业发展得到了政府和相关协会的强有力支持。休闲观光农业协会一方面可代表农户,维护其在休闲观光农业开发过程中的合法权益;另一方面,协会对休闲观光农业开发的行为给予一定的规范和约束。"公司运作"是指在休闲观光农业开发中,采取公司股份制方式运作,把资源、技术、信息等转化成股本,村民的收益来自股份分红和按劳分红。

实践教学

实训 2-1　认知休闲观光农业园的经营管理

一、实训目的

1. 会分析我国某个休闲观光农业园区的经营管理现状及存在问题。

2. 对当前我国休闲观光农业园的经营管理模式有全面、正确的理解,提升创新创业能力。

3. 学会撰写关于某地某个休闲观光农业园的经营管理现状分析报告。

4. 通过汇报交流,提高团队协作能力、表达能力和分析能力。

二、内容与要求

利用周末、节假日和综合实训周,选择本地市、县(区)及校企合作的休闲观光农业园区进行实地调查。以实地调查为主,结合资料文献的查找,收集相关数据和图文,组织小组集体分析、讨论,形成调查分析报告的 Word 文档,再以 PPT 文档形式交流汇报。

三、组织与实施

1. 以实训小组为单位进行实训,小组规模一般为 4~6 人,分组时要注意小组成员的地域分布、知识、技能、兴趣、性格的互补性，合理分组，并定出组长，由组长协调工作。

2. 全体成员共同参与，分工协作完成任务，并组织讨论、交流。

3. 根据实训的调查分析报告和汇报情况，相互点评，进行实训成效评价。

四、评价与标准

实训评价指标与标准见表2-1所列。

表2-1 实训评价指标与标准

评估指标	评估等级			自评	组评	总评
	好(80~100分)	中(60~80分)	差(60分以下)			
项目实训准备（10分）	分工明确，能对实训内容事先进行精心准备	分工明确，能对实训内容进行准备，但不够充分	分工不够明确，事先无准备			
相关知识运用（20分）	能够熟练、自如地运用所学的知识进行分析，分析准确、到位	基本能运用所学知识进行分析，分析基本准确，但不够充分	不能够运用所学知识分析实际			
实训报告质量（30分）	报告结构完整，论点正确，论据充分，分析准确、透彻	报告基本完整，能够根据实际情况进行分析	报告不完整，分析缺乏个人观点			
实训汇报情况（20分）	报告结构完整，逻辑性强，语言表达清晰，言简意赅，讲演形象好	报告结构基本完整，有一定的逻辑性，语言表达清晰，讲演形象较好	汇报材料组织一般，条理性不强，讲演不够严谨，讲演形象差			
实训态度、完成情况（20分）	热情，态度认真，服从工作分配，能出色地完成任务	有一定热情，态度较端正，基本能够完成任务	敷衍了事，态度不端正，不能完成任务			

五、作业

实训结束后，以小组为单位各提供一份某地某个休闲观光农业园经营管理现状分析调查报告。

小结

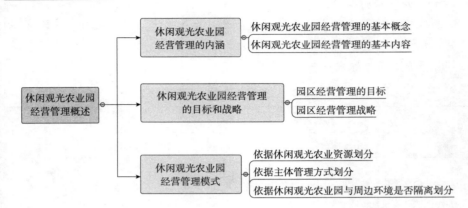

思考与练习

一、填空题

1. 园区经营管理的主体通常由_____、_____、_____和参谋者4个部分组成。

2. 园区经营管理的客体由_____、_____和_____等组成。

3. 休闲观光农业园要做到可持续发展，就必须坚持_____、_____和_____理念战略。

4. 按休闲观光农业资源的不同，可将园区的经营管理模式分为_____、_____、_____、_____和民族风情型5种。

二、简答题

1. 村委会参与管理的经营模式和企业参与管理的经营模式各有何特点？
2. 封闭式和开放式的经营管理模式各有何特点？

三、能力训练题

利用周末或节假日选择当地2~3个经营管理模式不同的休闲观光农业园，以志愿者、义务讲解员或游客等身份参与其中，调查、分析它们在经营管理中的异同，并提出对这些园区的看法。

自主学习资源库

1. 刘民乾，赵寒梅，许荣华，等. 休闲观光农业. 北京：中国农业科学技术出版社，2018.

2. 农业农村部农村社会事业发展中心. 休闲农业与美丽乡村杂志.

3. 郭焕成，吕明伟，等. 休闲农业与乡村旅游发展工作手册. 北京：中国建筑工业出版社，2011.

4. 农业部社会事业发展中心. 休闲农业管理人员手册. 北京：中国农业出版社，2010.

5. 中国休闲农业和乡村旅游网（http://www.shsyzx.agri.cn/）

6. 中国农业信息网（http://www.agri.gov.cn/）

单元 3
常见特色休闲观光农业园介绍

学习目标

知识目标

(1) 理解教育农园、观光采摘园、市民农园、生态农业园和民俗文化村等较有特色的休闲观光农业园的含义和基本特征。

(2) 掌握稳步发展这些特色园区的经营管理思路和对策。

技能目标

(1) 会分析现阶段教育农园、观光采摘园、市民农园、生态农业园和民俗文化村等的经营管理特色及出现的实际问题。

(2) 能自主学习教育农园、观光采摘园、市民农园、生态农业园和民俗文化村等园区在经营管理实践中的新知识、新模式、新机制、新方法、新规范。

3.1 教育农园

3.1.1 教育农园的含义

　　教育农园又称为认知农园、教育农场、学童公园、自然生态教室等，是利用农林业生产、自然生态、动植物、农村生活文化等资源设计体验活动，让旅游者在体验中学习农业及相关领域的知识，以达到教育的目的。教育农园属于休闲观光农业的范畴，但有别于单纯的休闲观光，它是基于"寓教于乐"的理念，突出知识的传播和体验，兼顾传授有关技能，让旅游者在轻松愉悦的场景中获取农业科学知识和体验农耕历史文化，在休闲中达到生态和环保教育的目的。教育农园多以"塑造健康的人性、强健的体魄，并建立起对大自然的爱"为主题，让游客通过实践学习到一定的农业生产知识，体验农村生活，从中获得乐趣。如游客参加各种各样的农耕活动，学习农作物的种植技术、动物饲养技术、农产品加工技术以及农业经营管理等，以获得在城市中体会不到的乐趣。

　　教育农园以农业科学知识、农耕历史文化、生物多样性、生态、环保等知识和设计动手生产、制作等体验活动作为主题元素，兼备了知识传播和观光休闲娱乐双重功能，是21世纪休闲观光农业的发展趋势。许多大型休闲观光农业园园区中都设置教育农园。典型的教育农园有我国台湾的台一生态教育休闲农场、北京朝来农艺园、深圳青青世界、苏州农林大世界、海南兴隆热带植物园、海南热带植物园、海南椰子大观园等。但目前国内的教育农园尚处于初级发展阶段。

　　在日本，劳动是中小学生的必修课，虽然水稻种植和收割等农业生产早已实现了机械化，但学校方面却千方百计为学生创造农业生产的学习和实践条件。在学童农园里，经常可以看到中小学生参加插秧或割稻等活动。学校这样做的目的是让学生都有亲自体验农业的机会，以便更好地掌握科学知识和增进对农艺的了解。

3.1.2 教育农园的基本特征

　　教育农园选址多位于城郊交通便利的地区；服务对象以儿童、青少年及对农业知识、自然科学知识感兴趣的游客为主；活动设计多元化，游客参与的动手活动较多；园区内农作物多为小面积种植，为学习农业科学知识、生产知识提供场所和素材。

　　教育农园具有知识性、科学性、参与性、艺术性、特色性五大特征。

　　（1）知识性

　　知识性渗透在教育农园的方方面面，无论是景观设计方面（如一些建筑小品），还是农事体验活动上，都向广大游客尤其是青少年传递科学知识与哲理。

（2）科学性

教育农园作为传递知识的场所，必然要保证知识传递的科学性。如园区内，关于果树的嫁接、修剪、扦插技术都能用科学的方法向游客演示，现代农业栽培技术和新型农产品的研发过程都由专业人员亲自指导。

（3）参与性

教育农园最大的特点就是强调游客尤其是青少年的主动参与，寓教于乐。在农事体验中进行相关知识的学习，不仅获得知识与技能水平的提高，也能增强情感体验。

（4）艺术性

教育农园的整体景观设计都充分体现出古朴的文化氛围，让游客真正地身临其境，感受到乡村的艺术美、色彩美。

（5）特色性

景观设计在体现农业和农村文化的同时，也应结合当地农村的特色进行相关艺术设计，因地制宜，呈现给游客不一样的田园风情。

3.1.3 教育农园的经营管理思路

教育农园是兼顾生产、科技示范与科普教育功能的农业经营模式。农业科普教育不但对农业工作者有重要作用，对于中小学生其作为生物课教学、科学课教学的实习课，也有十分重要的意义。教育农园常在农业科研基地的基础上建设，利用科研设施作为景点，投资不大。

（1）确定农业教学的内容

含自然资源(气象、植物生态、动物生态、水文资料)，景观资源(地形地质、乡村传统建筑、设施)，产业资源(各种农产品的种植、养殖及加工处理)，人文资源(地方上的历史人物、特殊技艺、聚会活动)，文化资源(传统建筑、雕刻艺术、手工艺品、民俗活动、文化设施)等。

（2）确立新颖的主题

①体验设计主题　精心设计的主题，是踏向体验之路的第一步，也是最为关键的一步。构思拙劣的主题，无法让游客留下深刻的印象，记忆也就不会持久，自然难以吸引回头客。因此，设定体验主题方方面面都要照顾到、设想到，以提升消费者的参与度。

②塑造整体印象　教育农园主题确定后，需要塑造游客体验后留下的美好、难以忘怀的印象，这一系列的印象组合起来，才能影响游客的评价并实现主题。

整个设计的主题要简单明了、风格一致，同时设想游客与农场进行互动时可能产生的印象，努力让游客产生惊艳的感觉，并应避免任何混乱或不愉快的环境。

③消除负面线索　为了塑造整体印象，教育农园应去除任何可能与主题相悖或干扰的因素。即使看起来微不足道的环节，或过度的服务，也可能破坏整体主题营造。因此，除了要大量展示正面线索外，也要尽力消除会带给人粗陋印象的负面线索。

④融入纪念品　游客常以纪念品作为某种意义的留念，或借纪念品与他人分享农场的主题体验。农园除了销售或赠送带有本园品牌的纪念品外，可设计新型纪念品，也可以让游客动手创作纪念品。

⑤结合5种感官　农园体验越能有效刺激感官，就越不容易被遗忘。因此，教育农园可以针对自身特色，分析适合采用的感官刺激，为游客塑造更深刻印象。

(3) 锁定青少年消费群体

现代城市青少年由于生活和居住环境比较优越，学习比较紧张，没有机会接触农业，学校也没有农业实验基地，因此，教育农业园应具备为中小学生提供实践、学习农业知识的条件，在项目设置、文章解说方面要由浅入深、直观易懂、形象生动，趣味性、知识性强，使教育农园成为中小学生学习农业知识、体验农业活动的绿色教育基地。如上海"蔬菜公园"，选址在上海南郊奉贤区"五四"农场之内，占地$50hm^2$左右。公园内有成片的温室系统，既种植常见的蔬菜品种，又种植不常见的奇菜异果，还设立一个蔬菜博物馆。公园主要为中小学生服务，让他们了解更多的自然知识。"番茄、黄瓜是怎么结果的？青菜、白菜是怎么长成的？花生、马铃薯是长在哪里的？"这些问题都能在公园里找到答案。

典型案例

案例1：我国台湾的台一生态教育休闲农场

台一生态教育休闲农场位于我国台湾南投县埔里镇，面积达$50hm^2$，农场设有蝶舞馆和昆虫馆两大主题生态馆及水上花园餐厅、仙人掌生态区、压花生活馆、景观花园、度假木屋等休闲娱乐区。在充分发挥休闲和观光功能的基础上，精准定位了青少年客户群体，并遵循乡土草根性、生命永续性、社会互动性和实践教育性的理念，逐步形成了生产、生活、生态与青少年成长有机结合的教育农场，树立了自己独特的品牌。台一生态教育休闲农场经营的成功，对大陆地区具有非常宝贵的借鉴意义。

第一，精准定位。台一教育休闲农场主要接待中小学师生，并提供毕业班专项服务或户外教学专项服务,其次是家庭亲子游的客户。

第二,精心布局。农场内的项目丰富,适合青少年体验。建有雨林风情馆、自由之鸽风云广场、养蜂场、花神庙、蝴蝶生态馆、昆虫生态馆等,极具趣味性和吸引力,令孩子们流连忘返。

第三,贴心细致的服务。农场有多名现场解说员对游客进行讲解,且每个体验馆内均有专门的服务人员或体验馆顾问;同时也有不同的DIY体验服务,游客可以进行垂钓、捉虾、采摘、组合盆栽、压花纸扇、黏土工艺等体验,充分满足视觉享受和感官体验。

案例2:杨凌"农科城"

杨凌是我国古代农耕文化的重要发祥地。著名的杨凌"农科城"是1997年7月经国务院批准开始建设的,现已成了集农业生产、科技示范、科研教育于一体的新型科教农园。这里有国家唯一的农业示范区、亚洲最大的昆虫博物馆、世界第二大降雨厅——人工降雨模拟国家实验室、世界领先技术的克隆羊基地(国内著名的克隆羊"元元"和"阳阳"就在这里诞生)、世界最优羊种波尔羊养殖场、亚洲有名的划艇赛地水上运动中心、现代农业产业化新途径的工厂化高效农业设施和特种动物养殖场等,吸引了各地游客和许多学校在此开展课外活动、教授农业课程等,已成为全国有名的"青少年农业科技活动教育基地"和绿色教育园区。

案例3:福建沙县马岩生态园致力打造"青少年校外素质拓展基地"

沙县马岩生态园距福建省三明市沙县城区7km,总规划面积6450亩,森林与湿地覆盖率达90%。2012年获评为"全国休闲农业与乡村旅游示范点",2019年被评为"福建省好少年红领巾校外素质拓展基地"。马岩生态园已投资2.6亿元,建成1个老木屋传统国学馆、3个游学基地、13栋林间木屋别墅、10栋湖边木屋、1个生态餐厅,配备多媒体教育功能厅、模拟教室、医务室、水上拓展和高空拓展场地、CS野战区、高尔夫练习场、射箭场、游泳池等设施设备。此外,还专门开辟供学生实践的蔬菜花卉基地30亩、果树种植实践基地100亩,精心打造成具有特色的青少年校外素质拓展基地。

沙县马岩生态园以"从小学习做人、从小学习立志、从小学习创作"为主题,为小学生、初中生、高中生设计不同的训练项目课程,并与学校教学内容相衔接,能够实现责任担当、实践创新、学会学习、健康生活的育人目标。主要项目有:

(1)学习中国传统文化

传统文化是民族的瑰宝,要传承发扬,更需要青少年去实践、感悟,将传统文化结合时代精神,融入学习和生活中,用传统文化规范自己的言行举止,进一步提升道德修养(图3-1)。

图 3-1 传统文化学习

(2) 研学活动

当前的学校、家长大多只关注学生的知识教育,而忽略了生活教育。马岩生态园通过开展农耕体验、生活实践等研学活动,让青少年体验劳动的快乐与意义,培养吃苦精神和意志力,提高自理能力(图 3-2)。

图 3-2 研学活动教育

(3) 创意手工

这有利于青少年开阔视野,彰显他们的个性和激发好奇心,开拓他们的创造和创新思维,有利于培养青少年认识和改造客观世界的能力(图 3-3)。

(4) 户外拓展训练

户外拓展是集体育锻炼、智力发展、情商开发、心理素质提升和团队精神培育为一体的综合性体育项目,能有效提高青少年的综合素质,锻炼强健的体魄,使青少年在拓展训练中认识自己的长处和不足,思考自己和团队的联系,快速适应社会生活的需要,建立积极的人生观和价值观(图 3-4)。

图 3-3　创意手工制作

图 3-4　户外拓展训练

(5) 传统美食制作

三明市沙县以小吃著称,让青少年体验本土传统小吃的制作,感受本土饮食文化,可以加深青少年对家乡的认知和热爱(图 3-5)。

(6) 野外生存拓展训练

通过这项活动,青少年在体验中学习,在学习中吸收,在吸收中提升,增强与他人之间的互信与沟通,帮助青少年在最短的时间内磨炼自信、自律、自强的意志,培养吃苦耐劳、遵守纪律、服从命令、遇挫折不气馁的良好作风(图 3-6)。

图 3-5 传统美食制作

图 3-6 野外生存拓展训练

3.2 观光采摘园

3.2.1 观光采摘园的含义

观光采摘园是以果树资源为基础，以提高经济效益为目的，拓展农园多功能性，将果树产业与景观、文化、科技等要素结合，提供特色的农业服务，满足消费市场多样化需求，实现"有光可观、有景可赏、有知可学、有技可习、有典可寻、有物可采、有鲜可尝、有食可享、有房可住"的综合性现代农业产业园区。近年来，观光采摘园越来越受城市居民的欢迎。在我国许多大中城市附近，观光采摘园非常多见，有种类单一的观光采摘园，如桃李园、樱桃园、草莓园、柑橘园、葡萄园、杨梅园等；也有多种果树和品种汇集的观光采摘园，如将结果期不同的果树种类或品种合理搭配种植，使园区一年四季有花可赏、有果可摘。逢周末或假期，市民来到园内，不仅可欣赏田园风光、享受采摘的乐趣，还增进了家庭成员间的感情交流。对经营者来说，虽增加了设施的投资，却节省了采摘和运销的费用，还增加了果品的附加值。

3.2.2 观光采摘园的基本特征

观光采摘园一般距离城区较近，交通便捷，位于城市近郊或风景点附近，乘公交车可以方便到达。规模不大，但要求集中连片，可新建，也可利用原有的种植地改造而成，具备旅游园区的基础条件（路网通畅）和基本旅游设施（如停车场、观景平台、凉亭、座椅等）。依据观光采摘季节不同，观光采摘园通常配置丰富多样的作物品种（如水果、蔬菜、茶叶、花卉、五谷杂粮等），供游人采摘购买。与普通农田、果园、菜园等相比，观光采摘园出售优质无公害并可亲自收获的农产品。

观光采摘园除了让游客自助采摘果实外，还要打造出各个农耕季节、四季变换的农业景象，做到有景可赏。采摘园中的基础设施（如道路等）和栽培管理技术（如果树矮化、果园清洁、无公害、病虫防治技术等），都应保证游客参与农事活动时安全、便捷等。

3.2.3 观光采摘园的经营管理思路

（1）种植新奇特品种

只有发展特色采摘，才能吸引大批游客涌入果香四溢的果园。园区建设强调"人无我有，人有我优，人优我特"，种植要精心规划、合理布局，突出"品种新、造型奇、产品特、色彩艳"，展示最具有区域特色的果品、果业技术，满足游客求新、求奇、求特的心理需求。

品种新：要通过引进新推广的优质品种，替代品质较差、产量不高的传统品种，从而提高果品的科技含量。例如，葡萄采摘园可引进'维多利亚''美国黑提''无核红宝石'等葡萄新品种，这样可以从7月就开始成熟接客，有效延长了采摘期，从而达到游客络绎不绝的效果，实现果品高价值。

造型奇：要开发一些造型奇特的果品，如印字的、异形的、供观赏的果品。

以北京市平谷区为例,为开发文化桃,平谷区致力于高档礼品桃的生产。桃农在桃果上套上不同类型图案的贴膜,通过阳光照射,让贴膜的图案显现在鲜桃上。目前,平谷区桃农已经成功开发出"生日""贺寿""喜庆""寿星""十二生肖"等晒字桃、异型桃系列产品,鲜桃图案丰富,寓意吉祥。短短十多天的桃着色期,成了平谷桃农开发桃文化含量的黄金期。

产品特:要体现出采摘园的特色,创造自有的特色产品、特色品牌、特色文化,吸引游客前来消费。例如,北京市昌平区的草莓、门头沟区樱桃谷的樱桃、平谷区的大桃,都是当地最优质、最能吸引游客的特色果品。

色彩艳:要利用各种果实、花卉、树木等,选取最艳丽的品种,将各异的色彩进行组合,提高园区的观赏价值;将相同种类不同颜色的果实进行分区种植,提高游客的选择余地。

(2)突出采摘文化

各地方找准果品文化特色,结合中秋节、国庆节等节庆卖点,把采摘和旅游观光、文化活动结合起来,办起丰富多彩的采摘节。如江西婺源和广西罗平的油菜花节、北京大兴的西瓜节、浙江余姚的杨梅节和张家界的荷花节等,都是知名的采摘。素有"北京吐鲁番"之称的北京市大兴区采育镇,有 0.13 万 hm^2 葡萄园、100 多个葡萄品种,年产葡萄逾 2100 万 kg;为吸引游客到采摘园采摘,自 2001 年开始举办葡萄文化节,至 2018 年已成功举办了 13 届。

举办采摘文化艺术节首先应该明确定位,集中体现文化节的主题和亮点,整合社会资源,进行合理的建设规划,增强文化节的辐射力和影响力。应该在文化内容上进行延伸,打造亮点,增加文化深度,向游客普及科普文化,让游客体验农事活动,在游玩的同时能学到一些农业知识。

(3)打造特色景观

特色景观也是观光采摘园的一个旅游看点。以园林生态化建设为指导,将园林植物与果树及整个乡间环境景观相融合,形成一个尽显自然风情、园内设施完善、景区多功能的游赏空间。借助园林植物形态各异、颜色多样的特点,利用展叶开花的不同时期,将果树和园林植物组成春华秋实的多彩画面。如在北京市昌平区观光采摘苹果园规划中,植物配置以蔷薇科植物为主,春天观花,秋天观果。果园中的园林小景以园林植物为背景或用精心设计的植物配置烘托主景,力求用赏心悦目的视觉效果来表现园林意境。从景观特征来看,果园及其周边的环境品质提升的同时,形成了粗放、宽广的以大自然环境为主体的景观,满足了人们娱乐、休闲的需求。

(4)加大品牌宣传

品牌是产品与服务的生命力,凡是知名的企业和产品,无不与自身的品牌建设息息相关。任何企业与产品做到极致，必是向品牌化发展。经营者可以通过各种形式如通过网络、报纸、电视等媒体以及人们的口碑宣传介绍，从而吸引更多人来采摘果品、取经和游玩。

典型案例

北京里炮红苹果度假村

  北京里炮红苹果度假村位于八达岭长城脚下的里炮村，交通便利。该村依托八达岭园区、康西草原、野鸭湖、阳光马术俱乐部等旅游优势，逐步将1100亩的苹果园建成了标准化的生产基地，形成了北京郊区具有特色的'红富士'苹果观光度假园。

  早在2002年里炮村就注册了"里炮"牌商标，取得了北京市食用农产品安全认证，2003年被北京市科学技术协会确立为"农村科普示范基地"，并获得了"北京市农业标准化先进单位"称号。全村发展旅游观光采摘，有'红富士'苹果园1000亩，年产优质无公害苹果150万kg，发展优质葡萄100亩，年产葡萄35万kg，采摘期可从7月持续到10月底。该村生产的'红富士''北斗'等曾多次在金秋果品节上获奖，已成为依靠果品生产优势的集观光采摘、休闲娱乐于一体的综合性度假基地。

3.3 市民农园

3.3.1 市民农园的含义

  市民农园是由农民提供土地，让市民参与耕作的园地。一般是将位于都市或近郊的农地集中规划为若干小区，分别出租给城市居民，用以种植花草、蔬菜、果树或经营家庭农艺，收获的农产品归市民所有，但不以营利为目的。其主要目的是让市民体验农业生产过程，享受耕作乐趣。市民农园以休闲体验为主，多数租用者只能利用节假日到农园作业，平时交由农地提供者代管。德国是世界上较早发展市民农园的国家，在19世纪初期就出现了市民农园的雏形，确立了市民农园现在的模式。紧随德国步伐，日本也发展了独具特色的精细化市民农园。

  市民农园依照使用对象的不同，又可分为家庭农园、儿童农园、银发族农园、残疾人农园(如盲人农园等)。尽管有此分类，但市民农园一般都包含在其他观光农园类型中，较少独立存在。例如，在广东番禺的祈福农庄、深圳的青青世界及荔枝世界观光园等都设有市民农园。

3.3.2 市民农园的基本特征

具体来说，市民农园主要有以下三大特征。

(1) 体验性

市民农园最大的特点就是其在休闲观光的基础上具备了亲身体验的特征，提供的不仅是产品和服务，还是一种个性化的经历。例如，2017年味道网打造的"共享农场"，以"共享农场"为平台，将用户与市民农园联系在一起，从客户需求出发，为不同客户提供个性化的体验服务和多种特色农产品。目前该平台旗下拥有7个不同类型的农场，位于全国不同地区，市民通过网络或电话可以预约任意一家自己感兴趣的农场，进行土地租赁，选择种植该农场的特色农产品，同时可以亲赴农场体验农业生产和田园生活的乐趣，收获自己种植的农产品，享受品质生活。

(2) 客源定向性

市民农园通常先出现在经济发达的大中城市，因为这些城市的居民有经济能力去追求更好的生活品质。根据调查研究，市民农园目前主要的客源定位在中产阶级。北京小毛驴市民农园是中国大陆地区最早的市民农园之一，它选择在北京开设，很大程度上受到客源定向性的影响，农园在最初宣传上也主要针对北京中产阶层进行，同时农园的租户大部分都符合中产阶层特征。这样虽然农园前期可以获得快速的发展，但是由于限定了客源，在中小城市无法打开市场。因此农园的经营者必须有针对性地开发市场，满足不同消费群体的需要，推动农园更好地发展。

(3) 生态性

市民农园是休闲观光农业的高级阶段，既然是农业，必然与生态环境密不可分。市民农园依靠土地来盈利，而且遵循绿色生态的发展理念，对于环境具有保护作用，属于生态友好型农业范畴，能够实现经济效益、生态效益和社会效益的统一。

典型案例

北京小毛驴市民农园

小毛驴市民农园位于北京西郊著名风景区凤凰岭山脚下、京密引水渠旁，创建于2008年4月，占地15.3hm^2，是北京市海淀区政府与中国人民大学共建的市民参与式合作型现代生态农业的产学研基地，由国仁城乡(北京)科技发展中心团队负责运营。主要经营项目有租赁农园、节庆及亲子社区活动、蔬菜配送、农产品销售等。

其中租赁农园项目是指市民在承租一块农地（$30m^2$ 为一个单元）后，需要预先支付全年的租金，农园为租种的市民提供种地所需的工具、种苗、灌溉水、有机肥及专业技术指导等服务。市民与农园的合作有3种方式供选择：一是自主劳动份额，即市民需要自己打理承租的农地，从播种到收获都是由市民自主完成；二是托管劳动份额，即市民只需要自己播种和收获，其他农活可以由农园代为打理；三是家庭健康菜园，即农园会按照市民的要求设计农作物的种植品种，并提供全面的管理和服务，收获的农产品由农园负责配送到市民家里。当然，合作方式不同，租赁费用也不同。

小毛驴市民农园借鉴国内外社区支持农业（CSA）经验，遵循"三低三高"（即低耗能、低污染、低投入，高起步、高产出、高品位）原则，建立一套可持续的农业生产和生活模式，基本实现园区内部的生态循环，倡导并实践"发展生态农业、支持健康消费、促进城乡互助"的行动理念，推动食品安全、生态文明与城乡良性互动，促进中国城乡统筹和可持续发展。

3.3.3 市民农园的经营管理思路

目前市民农园在我国的发展不温不火，主要原因有：没有针对性的支持政策；政府不参与经营开发；园区多元的经营内容使得市民农园失去独特性；宣传力度不够强。此外，农园选址规划不合理、设施建设不完善、园区不美观等因素也在一定程度上制约了我国市民农园的发展。

市民农园的经营管理思路：

（1）提高认识，转变观念

发展市民农园，既是调整农业产业结构、提高土地产出率、增加农民就业岗位、提高农民收入的需要，也是建设宜居城市、满足市民多种需求、不断提高市民幸福指数的需要。在市民农园里，农民变为技术员、指导员、服务员、管理员，市民从被动的农产品消费者，变为生产者、监督者、宣传者、消费者。打造"都市中的田园""田园中的课堂"，使其成为市民和农民互动的乐园、城市中"可食用"的新型公园和中小学生课外实践的大课堂。

（2）政策扶持，规范经营

政府相关部门应针对市民农园尽快出台相应的法规和标准，对市民农园的设立程序、设施建设标准、经营规范等做出明确规定，使经营者有章可循，正确引导市民农园经营者合法用地、科学用地、规范用地，文明有序地发展市民农园，规范市场环境。此外，政府相关部门应制定一系列的扶持政策，鼓励合法经营。

(3) 完善设施,提高品质

完善基础设施和提高服务质量有助于促进市民农园质的飞跃。据相关调查,参与市民农园活动的群体大多是受过良好教育的城市居民,对园区环境和周边设施要求较高。若适当增加餐饮、休闲娱乐等设施,既有助于满足市民多样化需求,又能增加农园收入。

(4) 加强宣传,推动社会认知

对市民农园的相关信息如位置、规模、服务、路线、特色等进行科学整理和完善,设立专门的查询机构或查询服务通道,方便市民及时、全面了解不同农园的相关信息,从而能结合自身实际情况选择适合的市民农园。

典型案例

深圳青青世界

青青世界位于深圳市南山区月亮湾,是深圳市著名的精致农业与观光旅游相结合的休闲度假胜地,是"鹏城十景"之一。园区占地面积约20万 m^2,分为侏罗纪公园、蝴蝶谷、瓜果园、陶艺馆、园艺馆等,另建有具欧陆风情的木屋别墅、酒店客房、中餐厅、游泳池、钓鱼池等。特色游乐项目有"城市农夫"、制陶、制作唐山彩陶版画、蜡雕、垂钓等(图3-7)。

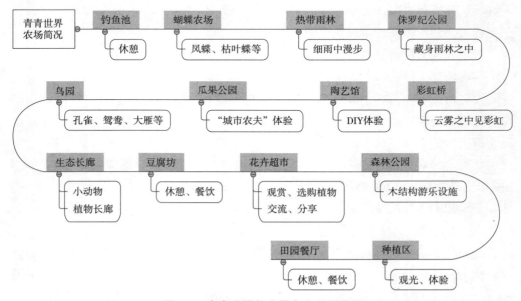

图3-7 青青世界部分景点和项目导图

青青世界的瓜果园种植有各类具观赏性和食用性的瓜果蔬菜,其中以大南瓜、蛇瓜、珍珠番茄、葫芦瓜等最具特色。青青世界的大南瓜为美国引进品种,采用无土栽培和滴灌技术,克服瓜类植物不能连作的难题,一天可生长 1~2kg,曾种植出重逾 80kg 的大南瓜。瓜果园内还设有"城市农夫"自留地,给游客提供一个体验农村生活、亲手耕种的机会;游客每月交付一定的租金,在租用期间,凭合同一家三口(2个大人、1个小孩)可随时免费入园耕种,待瓜菜成熟,可摘回家品尝。

3.4 生态农业园

3.4.1 生态农业园的含义

生态农业园是指以在园区内建立"农、林、牧、副、渔"综合利用的生态模式,形成林果粮间作、农林牧结合、桑基鱼塘等农业生态景观为主的休闲观光农业类型。这种休闲观光农业类型既可为游客提供观光、休闲的良好环境,又可为游客提供多种参与农业生产的机会,强调农业生产过程的生态性、艺术性和趣味性,具有良好的生态效益和社会效益。但生态农业园一般占地面积较大,通常应与其他休闲观光农业类型相结合,才能发挥其良好的经济效益。

3.4.2 生态农业园的基本特征

(1)保护环境,持续发展

严格按照生态农业和有机农业的要求进行生产,只允许在有害物质残留规定标准范围内适量使用化肥、农药,其产品为无公害、安全、营养的绿色保健食品,大大减少对环境的污染,生态环境优美,生物多样性在这里得到充分体现,植被覆盖率也大大高于一般农区。

(2)功能齐全,双重效益

生态农业旅游为游客提供了一定的乡村空间。游客在园区内观光、休闲、参与娱乐、品尝美食甚至亲自劳作,既增长知识,又亲近自然、陶冶情操。园内还可以举办节日庆典活动,加强游客之间的感情交流,传播信息,增进友谊。企业和农民则通过销售产品、提供食宿服务和劳务,增加收入。

(3)科技特色,高效农业

生态农业旅游具有高科技特色,用先进农业技术进行开发,由掌握先进技术的人来管理,形成具有相当规模、各具特色的农业整体,成为具有较高的先进农业技术支持和科学管理手段的新型农业。

(4) 回归自然，身心享受

生态农业旅游满足了城乡居民渴望亲近自然、回归自然的需求，用生态学、美学和经济学理论来指导农业生产，通过合理规划布局，自然调节和人工调节相协调，使农业生态系统进入良性循环，具有生产、加工、销售、疗养、旅游、娱乐等综合功能。

3.4.3 生态农业园的经营管理思路

(1) 创新企业经营管理

首先，建设方便游客获取信息的休闲观光农业网站。网站主要服务内容有新闻发布、景点介绍、景区地图、旅游线路推荐、住宿餐饮服务、留言系统，乃至网上订房、订门票服务。其次，重视分工协作，强调地区联合。最后，产品经营多样化，有形产品与无形服务相结合。生态农业园除了提供实物产品，还有环境、氛围、风景和主题等"情境消费"产品，这是休闲观光农业吸引众多城市游客眼球的独特魅力之所在。

(2) 推行"社区"经营的理念

不再过分强调休闲观光农业"园区"是个专业生产的且属于工业特质的"厂区"概念，赋予其具有地方意义的"社区"理念。以策略联盟的方式结合"社区"理念来全面推动整合农场、农园、农家乐或所有景点，使其点、线相连，扩大成面，最终构成带状的新型农业园区，并强化农户的参与性。

(3) 规划布局合理的产业链

生态农业园是综合利用当地资源，由农业延伸至服务业的新产业园。必须勇于打破传统农业的束缚，基于资源、位置和市场条件，因地制宜，实施休闲观光农业布局合理，综合利用当地的自然资源和独特的文化和历史资源及农业生产、农村景观，并整合观光、餐饮、住宿等综合性的服务，为城市消费者提供休闲服务。发展生态旅游，筹建步道，与民宿、休闲农园结合，进一步推进农业转型。

(4) 加强生态农业园建设规划的检查评级

各级政府应负责推动生态农业园的检查评级，主要内容有核心特色、园区规划、创意运用、解说与行销、组织与人力管理、环境与景观管理、社区参与、休闲资源8项，对优良者颁发认证标志。

典型案例

北京蟹岛绿色生态度假村

北京蟹岛绿色生态度假村位于朝阳区首部机场辅路南侧，是北京市朝阳区推动农业产业化结构调整的重点示范单位，也是中国环境科学学会指定的北京绿色生态园基地。占地面积3300亩，其中90%的土地用于种植和养殖业，10%用于旅游休闲度假业。整个园区分四大块：种植园区、养殖园区、科技园区和旅游度假园区。经营的项目设施主要有：具淳朴农家风格、可容纳1000人同时就餐的"开饭楼"餐厅，展现古老宫廷餐饮文化的"田禾源"食府，具塞外风情的大草原蒙古餐厅；综合性大型休闲健身场馆——康乐宫、体育中心，可四季垂钓的"蟹宫"；为喜欢北京文化的游客准备的地道仿古四合院；占地30亩的城市海景乐园；可供初学者练习的戏雪乐园；集科普教育与野生动物救助于一体的生态科普中心；功能齐备、设施齐全的各类会议室。另外，还有民俗特色服务、大田农业观光、大棚采摘等农业实践项目。为了扩大种植和养殖业的规模，蟹岛绿色生态度假村还在内蒙古赤峰市郊区租用18万亩未受任何污染的土地，采取大范围、大撒播、大放养的野种、野生、野养的生产模式，建立起一条跨地域的有机食品补给线，为北京市民提供大批量的"大原野"绿色有机食品。

蟹岛绿色生态度假村采用"前店后园"式的经营格局，在种植业和旅游业之间形成了"以种养促饭店，以饭店带种养"的相互依存循环体系。一方面"以园养店"的供应体系使蟹岛有机食品的生产、加工、销售形成链条，产品的安全性、健康性吸引了众多游客；园区产生的粪污和生活垃圾经环保设施处理，转为有机肥料，为种植业提供了生产原料。另一方面，蟹岛在可持续生态农业中形成的"乡土化"风格成为旅游业的一大亮点，慕名而来的游客络绎不绝。这种生态农业与农业生态旅游的结合产生了新的创收增长点，游客在对生态农业系统以及其构成的景观、生态环境、生产方式、村落和建筑、乡土风情、基础设施服务等的体验过程中，感受到身心的愉悦，满足了解除疲劳、放松身心、接近自然、接近生态、接近农业的需求。

蟹岛模式把循环经济理念融入生态经营中，形成了良性的生态系统，取得了较好的社会效益、生态效益和经济效益，是一例比较成功的生态型都市农业典范。

3.5 民俗文化村

3.5.1 民俗文化村的含义

民俗文化村是指利用农村特色地域文化、风俗习惯、民俗活动和少数民族独有的传统村庄或农场，建立乡村民俗文化旅游产业的园区。通过发展民俗文化旅游，能让游客充分享受浓郁的乡土风情和乡土文化。如参观农村民俗文化馆、乡村博物馆、农艺品生产作坊和乡村居民建筑，参加歌会、赛马等乡土文化活动，考察民俗古迹、地方人文历史，体验农业生产与农家生活的变迁过程。民俗文化村可以分为民间艺术展示型、民俗风情展示型、民居建筑风格展示型、少数民族习俗文化展示型4种类型。在我国，民俗文化村多以子项目的形式存在于其他休闲观光农业园区中，也有以单独形式出现的。例如，江西省婺源县的晓起、李坑等13个民俗文化村，深圳的锦绣中华民俗村等。

3.5.2 民俗文化村的基本特征

（1）地域性

不同的民族由于历史条件、所处地理环境的不同，产生了不同的地域民俗。地域民俗的魅力首先在于它是独有的；其次在于它所创造的民俗环境和民俗气氛，这种环境和气氛是在任何其他地域中无法创造的。"十里不同风，百里不同俗"，就是指民俗的地区差异，由此而开展的民俗旅游活动地方特色突出，乡土气息浓厚。

（2）民族性

费孝通先生指出："一个民族总是要强调一些有别于其他民族的风俗习惯、生活方式的特点，赋予强烈的感情，把它升华为代表本民族的标志。"根据不同民族的民俗事项开展的旅游活动民族特色突出，独特性强，极具吸引力。

（3）实用性

民俗文化本身具有多方面的实用性。各式各样的民居、绚丽多彩的服饰、繁复多样的饮食及独具特色的娱乐项目等民俗文化内容，可以直接运用到旅游活动的"食、住、行、游、购、娱"各个环节当中。

（4）知识性

民俗是中国文化的主要组成部分，是各民族文化的基础和主体之一。丰富的历史文化知识是民俗文化村吸引游客的重要因素。

（5）神秘性

各民族的民俗文化中，都不乏令人神奇之处，如壮族的"鸡卜"、藏族的"天葬"、侗族的"大歌"、独龙族的"路不拾遗"等。"常住繁荣城市的人，一到乡村，就觉得格外清幽"，所以这些神秘、新奇、陌生的民俗文化，可以激起游客的游兴，使之心驰神往。

（6）审美性

中华民族具有5000多年的文明历史，造就了灿烂的文化和艺术。民俗文化村中的建筑、服饰、民族、民间工艺美术，工具，节日礼仪与庆典活动，以及民俗游艺竞技活动，都有很高的旅游观赏性和独特的审美价值。

（7）参与性

民俗文化旅游的观赏过程，也可以是游客的参与过程，获得亲身体验，留下深刻印象。如让游客穿上当地居民的服装、入住当地民居、食用风味饮食、参与当地民众的活动等。

3.5.3 民俗文化村的经营管理思路

（1）在项目特点上出新意

①在民风民俗的选择上出新　民间风俗在历代的传承过程中，既有良风美俗，又有陋风丑俗。这就要去粗取精、去伪存真、去劣存优，在继承创新的同时，取其精华，去其糟粕。要赋予其新的时代内容。例如，湖北兴山县为开发三峡昭君巴楚民俗文化资源，打造昭君和平文化品牌特色旅游项目，发展三峡文化产业，已启动建设昭君巴楚民俗文化村。该项目融巴楚民俗、民居、歌舞、戏剧、琴棋、书画、茶艺工艺、昭君祠等丰富文化为一体。湖北宜昌市歌舞团整理并利用土家族民俗文化遗产，创作大型婚俗舞剧《土里巴人》，多次在全国获奖，用崭新的形式展现了湖北独有的楚风楚俗。

②在文化活动的延伸上出新　文化活动要保持旺盛的生命力和市场竞争力，就必须不断推陈出新。一是在活动空间上的延伸。既立足本地，又拓展外地；既可占领国内市场，又可进军国外市场。湖北当阳的"三月三歌会"已经办了20余届，从剧院、歌舞厅延伸到广场、体育场，从城区延伸到乡村、各个园区。河北梆子开拓国际市场，延伸到了欧洲的广阔市场。二是在活动时间上的延伸。可利用节会、歌会等形式月办、季办或年办，形成制度化，既有利于形成活动品牌，也利于取得长久效益。三是在活动内容上的延伸，变单一为多样，使之丰富多彩。湖北孝感的孝文化节，既可办《董永与七仙女》邮票首发式，让游客游览董永公园，开展"十大孝子评选"，还可欣赏楚剧《百日缘》，以及开展其他丰富多彩的文化活动。

③在文化品位的提炼上出新　一种资源，一个项目，文化品位越高，其经济价值就越高。在文化品位的提炼上应推陈出新，古为今用，洋为中用。如对民歌、民舞可提炼成高雅的经典艺术品种。一方面，可从形式上提炼文化品位；另一方面，可从内容上提炼文化品位。湖北长阳巴山舞源自土家族跳丧舞，经挖掘、提炼、创新，丢掉了"丧味"，保留了原始舞蹈中有特色的鼓点和明快的节奏。采用了当地民歌、山歌加以发展，将单一击鼓加入弦乐、打击乐伴奏，融汇了土家风情和时代特征，创新出优美欢快的巴山舞，成为新型的群众自娱性舞蹈，被誉为"东方迪斯科"，不仅到我国香港演出，还获得"群星奖"广场舞蹈金奖，已被国家

体育总局作为体育健身舞蹈向全国推广，成了著名品牌。

(2) 在价值特征上做文章

①突显人文价值　中华民族5000多年的文化积淀留下了无数的民间文化遗产，弥足珍贵，凝聚着丰富的人文主义思想和民族精神。对于弘扬民族文化，培养华夏儿女的爱国情感，吸收先人的文明智慧和优秀文化传统，继往开来，具有极其重要的价值。从民间文化资源中利用具有人文价值的资源做项目，不但具有较高的文化品位，还能提高文化附加值。

②挖掘历史价值　民俗文化村大都经历了岁月的洗礼，蕴含着丰富的历史信息，被打上了深深的历史烙印。它们是传承历史文明的重要载体，对于后人探寻先辈文化，研究人类发展脉络，具有极其重要的价值，如名人故居、历史建筑及各类文物等。

③开发经济价值　在自耕自作、自给自足的小农时代和计划经济时代，民间文化资源的经济价值难以体现，未被人们认识和重视，人们没有意识到这是一种经济资源，具有经济价值。随着市场经济的出现和市场化进程的加快，民间文化资源的价值日益彰显，越独特，价值越高。如河北省蔚县农民剪纸不再是满足自身装饰需要，而是加工成商品，不但畅销国内，还漂洋过海走出国门；上海金山的农民画已经赴欧洲、美洲、亚洲的20多个国家和地区展销，收益颇丰；山西垣曲的农民"点石成金"，将石头也变成了商品，这些都是农村文化产业项目开发与经营的成功案例。

④追求实用价值　大凡民间文化资源，既有历史及人文价值，又有实用功能。它们之所以盛久不衰，是因为与人民群众的生活密切相关，既可满足人们精神生活的需求，也可满足人民物质生活的需要。民间歌舞、音乐、书画、戏剧等丰富了人们的文娱生活，农村饮食文化、建筑文化、服饰文化等则是人们日常生活必需的。从人们日常生活必需的民间文化资源中找项目，无疑具有十分广阔的市场前景。

(3) 在资源特性上找出路

①发展传承文化项目　农村文化在时代变迁或横向传播的过程中，总是保持着相似的内容和形式，可以流传上千年。同一民族、同一地域的人们有着大致相同的习俗，不同民族、不同地域的民风民俗具有各自的风格特点，从而形成丰富多彩的农村民俗文化。如民间饮食、婚丧、节日、竞技、雕塑、刺绣、皮影传承各异，北京的四合院、安徽的民居、福建的客家土楼等各种建筑风格代代传承，各地的民间神话、传说故事及各种风俗等具有各自的乡土特色。从历史的传承文化资源中打造农村文化产业项目，大有可为。如河南省宝丰县周营村是全国闻名的魔术村，

历代传承的魔术产业已成为一个极具特色的支柱产业和新的经济增长点。

②打造地域文化项目　"千里不同风,百里不同俗"。地域的差异性使各地的传统艺术和民间文化呈现出浓郁的地方特色。从民族区域上看,汉民族文化与少数民族文化迥然不同,江南水乡民歌的婉约细腻与草原游牧民歌的粗犷豪放对比鲜明。从地理区域上看,湖北的楚文化与四川的巴蜀文化各不相同。尤其是文化部(现文化和旅游部)命名的412个全国民间艺术之乡,乡土气息浓厚,涉及市、县、乡、村,门类多样。如湖北长阳的民间歌舞之乡、安陆的民间漫画之乡。有的独一无二,如崇阳县为提琴戏之乡。这些地域文化资源个性鲜明,具有浓郁的乡土气息,将其打造为农村特色文化产业项目,有利于发挥地域的整体优势,增强市场竞争力。

③开发生态文化项目　许多民间文化资源古朴悠久,是人类在漫长的历史长河中创造形成的不同民族与不同区域的文化传统,有的还保持其原生态。蕴含着祖先的智慧和文明,弥足珍贵。生态文化既有物质文化,如安徽西递村、水乡周庄等古建筑;又有非物质文化,如民间歌谣,被联合国教科文组织宣布为人类非物质遗产代表作的"昆曲"等。可以从这些原生态文化中选择生态文化项目,打造农村生态文化产品。如通过建造生态博物馆,展现原始的文化生态和农村生活场景,将具有极其珍贵的科学、艺术、历史和经济价值。

(4)在民间特色上下功夫

①利用分布广泛性的特色　我国特色民间文化资源遍布各地,十分广泛,应充分发挥整体效应和集体优势,占领文化产业市场,赢得市场份额。一些地方利用广泛的革命文化资源开展"红色旅游",利用自然生态资源开展"绿色旅游",利用海洋资源开展"蓝色旅游",取得了可观的效益。素有"楠竹之乡"的咸宁市,抓住机遇承办了2003年第四届中国竹文化节,除推出了本地竹文化特色产品,洽谈签订了一批项目外,还汇集了全国各地的竹工艺品,涉及吃、穿、住、用、玩等方面,品种有竹书、竹面、竹雕及竹桌、竹椅、竹席、竹伞、竹衣、竹帘、竹扇等。

②利用品种多样性的特色　民间特色文化品种繁多,涵盖社会生活各个方面,应有尽有。在发展农村特色文化产业项目上,应满足人们不同层次、不同爱好和不同的物质精神需要,尽可能多样化,避免单一。因地制宜,既可集民俗或民间工艺品等之大成,又可进行单个品种系列开发,以多取胜。还可以建设特色文化乡村,一地一个品种,使区域种类丰富多彩。例如,云南省立足"一乡一业,一村一品"特色文化产业开发,发展民俗文化旅游、民族艺术展演业、民间工艺品展销业等,门类多样。

③利用功能实用性的特色　随着人们生活水平不断提高,对高品位的日用品

需求增加，人们趋于追求艺术化，工艺品日渐实用化。民间剪纸、年画、竹草织染编印、面塑、刺绣等手工制作，以及景泰蓝、蜡染等传统工艺美术，越来越受到人们的青睐。民间陶瓷作为日常器皿和几案陈设，彩绘图案千姿百态，飞禽走兽、树木花草、绘画书法等均有表现，既有审美价值，又有实用价值。这些民间艺术资源，都可作为特色文化项目加以开发。又如土家民俗文化村，让游人住吊脚楼、戴青丝巾、吃苞谷饭、喝罐罐茶、看土家舞，可以将其建筑文化、饮食文化、服饰文化、节日文化项目逐一开发。事实证明，特色文化产业项目是独具魅力的项目，特色文化产品是具有潜力的产品，特色文化产业是具有实力的产业。

典型案例

山东蒙阴县巧做桃木文化开发

蒙阴县桃树栽培历史悠久，早在1672年的《蒙阴县志》就有记载。桃是蒙阴县第一大果树树种，桃产业收入占全县农民收入的50%以上，已成为农村经济的一大支柱产业。2013年7月蒙阴县荣获了"中国桃乡"的称号。

桃木在我国民间文化和信仰上有极其重要的位置，几千年来就有桃木镇灾避邪之说，桃木被称为神木。桃及其木制品在人们内心世界里有祝福平安、吉祥如意的含义。蒙阴县为了挖掘桃文化资源，打造桃文化品牌，促进观光旅游业的发展，于2015年创办了蒙王桃木工艺制品有限公司，经过近5年发展，已研发出桃木工艺制品18大类40多个品种，其中桃木传统手工雕刻工艺已成功申报为县级非物质文化遗产。值得一提的是"中华"牌桃木宝剑，设计独具匠心，图案吉祥，雕刻精细，极具观赏和收藏价值，产品出口韩国、东南亚国家和地区。另外，根据市场需求制作出的各种桃木工艺品，如人物（观音、财神、寿星等）、动物（鹿、象、十二生肖）、风景挂件、汽车挂件、生活用品挂件、摆件等，不仅满足了游客的观光与购物需求，而且也为当地的桃木综合利用开辟出新路。

④利用构思巧妙性的特色　对传统的节日文化活动及文艺形式，应在继承的基础上发展创新，使丰富的思想内容与传统的艺术形式巧妙结合，焕发新的光彩。不论是雕刻还是布贴、风筝等传统民间文艺样式，应利用精巧的构思，反映多彩的现代生活。如根雕应取法自然，根据历史神话、传说故事或现代生活场景立意，赋予其文化灵魂，讲究造型生动。有的艺术形式还可以加工融为一体，如湖北红安太平桥乡将高跷与舞狮巧妙融为一体，形成了独特的"天狮舞"，在2003年第三届艺术节中，深受观众欢迎，荣获"优秀展演节目奖"。

实践教学

实训3-1 特色休闲观光农业园经营管理现状调查

一、实训目的

1. 会分析现阶段我国教育农园、观光采摘园、市民农园、生态农业园和民俗文化村等的经营管理现状及存在问题。
2. 能撰写某个教育农园、观光采摘园、市民农园、生态农业园或民俗文化村的经营管理现状调查分析报告。
3. 能提升园区经营管理的能力。
4. 通过汇报交流,提高表达能力、团队合作能力和沟通协调能力。

二、内容与要求

利用周末、节假日和综合实训周,选择本地市、县(区)及校企合作的某个教育农园、观光采摘园、市民农园、生态农业园或民俗文化村中的一种进行实地调查。以实地调查为主,结合资料文献的查找,收集相关数据和图文,组织小组集体分析、讨论,形成调查分析报告的Word文档,再以PPT文档形式交流汇报。

三、组织与实施

1. 以实训小组为单位进行实训,小组规模一般为4~6人,分组要注意小组成员的地域分布、知识、技能、兴趣、性格的互补性,合理分组,并定出组长,由组长协调工作。
2. 全体成员共同参与,分工协作完成任务,并组织讨论、交流。
3. 根据实训的调查分析报告和汇报情况,相互点评,进行实训成效评价。

四、评价与标准

实训评价指标与标准见表3-1所列。

表3-1 实训评价指标与标准

评估指标	评估等级			自评	组评	总评
	好(80~100分)	中(60~80分)	差(60分以下)			
项目实训准备(10分)	分工明确,能对实训内容事先进行精心准备	分工明确,能对实训内容进行准备,但不够充分	分工不够明确,事先无准备			
相关知识运用(20分)	能够熟练、自如地运用所学的知识进行分析,分析准确、到位	基本能运用所学知识进行分析,分析基本准确,但不够充分	不能够运用所学知识分析实际			

(续)

评估指标	评估等级			自评	组评	总评
	好(80~100分)	中(60~80分)	差(60分以下)			
实训报告质量 (30分)	报告结构完整，论点正确，论据充分，分析准确、透彻	报告基本完整，能够根据实际情况进行分析	报告不完整，分析缺乏个人观点			
实训汇报情况 (20分)	报告结构完整，逻辑性强，语言表达清晰，言简意赅，讲演形象好	报告结构基本完整，有一定的逻辑性，语言表达清晰，讲演形象较好	汇报材料组织一般，条理性不强，讲演不够严谨，讲演形象差			
实训态度、完成情况 (20分)	热情，态度认真，服从工作分配，能够出色地完成任务	有一定热情，态度较端正，基本能够完成任务	敷衍了事，态度不端正，不能完成任务			

五、作业

实训结束后，以小组为单位各提供一份某地某个特色休闲观光农业园经营管理现状调研报告。

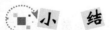

小　结

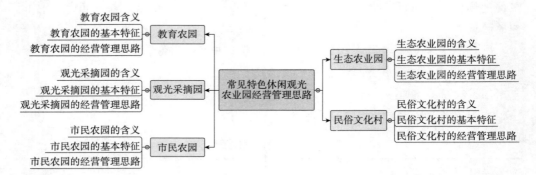

思考与练习

一、简答题

1. 如何做好教育农园的精准定位？
2. 如何能把观光采摘园做强？
3. 如何避免民俗文化村的同质化问题？

二、能力训练题

利用周末、节假日或寒暑假选择当地比较有特色的教育农园、观光采摘园、市民农园、生态农业园或民俗文化村中的一种,以志愿者、义务讲解员或暑假工等形式参与其中,潜心学习园区经营管理的独特之处,提升自身的服务意识、环保意识、质量意识、法律意识和安全意识,同时培养良好的职业道德、职业素养,传承中华传统文化和家国情怀。

自主学习资源库

1. 刘民乾,赵寒梅,许荣华,等. 休闲观光农业. 北京:中国农业科学技术出版社,2018.

2. 农业农村部农村社会事业发展中心. 休闲农业与美丽乡村杂志.

3. 郭焕成,吕明伟,等. 休闲农业与乡村旅游发展工作手册. 北京:中国建筑工业出版社,2011.

4. 农业部社会事业发展中心. 休闲农业管理人员手册. 北京:中国农业出版社,2010.

5. 中国休闲农业和乡村旅游网(http://www.shsyzx.agri.cn/)

6. 中国农业信息网(http://www.agri.gov.cn/)

7. 台湾休闲农业旅游网(https://www.taiwanfarm.com.tw/)

单元 4
休闲观光农业园经营管理实务

学习目标

知识目标

熟练掌握休闲观光农业园生产管理、人力资源管理、市场营销管理、游客管理、服务管理、设施管理、环境管理和安全管理等基本理论知识。

技能目标

(1) 会分析和解决现阶段休闲观光农业园在经营管理中相关的实际问题。

(2) 能自主学习休闲观光农业园经营管理实践中的新政策、新模式、新机制、新方法、新规范。

(3) 能胜任休闲观光农业园区相关管理岗位的工作，提升管理能力。

4.1 休闲观光农业园生产管理

生产功能是休闲观光农业园首要的基本功能,因此,生产管理在园区的经营管理体系中尤为重要。休闲观光农业园区的生产管理主要是对农牧产品的生产过程加以规划和控制。一般而言,农牧产品的生产流程包括生产规划、设施设备的配置、生产制度的设定、品种引进、生产进度的拟定、栽培或饲养管理、收获及加工管理7个环节,如图4-1所示。农产品的观赏、食用及销售是生产管理的后续环节,也是休闲观光农业园体验活动的主要项目。

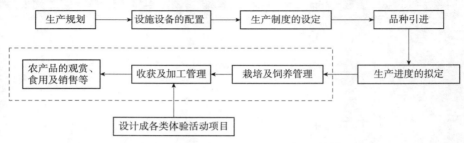

图 4-1 农业生产管理流程

4.1.1 生产规划

生产规划必须符合农业生产和旅游服务的要求,坚持兼顾生产效率及景观美化的原则,确定农业产业在区域中的基础地位。在围绕农作物良种繁育、生物高新技术、蔬菜与花卉、畜牧水产、农产品加工等产业的同时,应提高观光旅游、休闲度假等第三产业在休闲观光农业园区规划中的作用。

4.1.1.1 露地种植规划

园区露地农田栽培不仅要考虑产量,还要应用美学原理,注意处理景观的点、线、面要素构成及色彩与质感等,以提高园区的艺术性与观赏性。露地种植的作物及绿化植物应使季相构图保持乡土特色,强化果树、花卉、蔬菜等观赏性强的品种及奇珍异果等特色品种,建立具有较高生态稳定性和多样性的景观。另外,在露地种植规划过程中,田区、果园的规划还应考虑游客体验的需要,区块面积不宜过大,排列不必方正,布局线条要有美感。果园栽植果树不宜过密,要有透光性,保留解说、体验及游客拍照的空间。

4.1.1.2 设施栽培规划

园区设施栽培是运用现代农业科学技术进行的栽培,可使温室内四季常绿、周年瓜果满棚、鲜花盛开。温室内的作物栽培必须考虑将现代农业与艺术有机结合，对栽培棚架应进行多种艺术造型处理，合理设置棚架的高低层次，让温室内的栽培产生空间上的层次变化；还要考虑作物的品种搭配和色彩搭配，在季节安排上要注意不同品种的生物学特性，可选择时鲜蔬菜、名优花卉、根菜、叶菜、果菜、食用菌等进行栽培；突出栽培品种新、奇、特的特点，融观赏性、趣味性、科教性于一体。

典型案例

漳州市东南花都现代农业展示园

东南花都成立于2004年，位于历届国家级盛会——海峡两岸现代农业博览会·海峡两岸花卉博览会的举办地福建省漳州市，是国家4A级旅游景区和全国农业旅游示范点。东南花都内的现代农业展示园于2014年11月建成投产，是福建省农业科学研究院"新优特农业资源示范点"，面积8456m^2，种植品种近200种，区域分为约5000m^2的实地种植区和3000m^2的高科技无土栽培区（图4-2至图4-9）。

图4-2 东南花都现代农业展示园

图4-3 蛇　瓜

图4-4 辣椒树

图4-5 佛手花树

图4-6 墙体无土栽培

图4-7 管道无土栽培

图4-8 瓜棚廊架

图4-9 空中循环栽培

(1) 实地种植展区

集中展示当今蔬菜最新品种和实地种植技术，同时穿插文化浓郁、寓意深刻的人文景点，菜景相辉，是集蔬菜优良品种展示、实地种植技术展示以及科研、科普、观光为一体的绿色菜园、民俗乐园、生态家园。

(2) 高科技无土栽培区

主要展示了植物工厂、雾培、空中循环栽培、墙体栽培、立柱栽培、管道栽培等十几种当今国内外先进的高科技蔬菜栽培模式和栽培方法。

4.1.2　设施设备的配置

为了提高生产效率，休闲观光农业园区的生产应充分利用先进的科学技术，如现代化的温室设备及先进的自动化机械设备。同时，也要注意休闲观光农业发展中单项适用先进技术的组装配套。例如，将GPS、GIS技术用于农田管理、节水灌溉、环境监测，面向农业生产者推广电子仪器、实用监控设备及农业装备信息化技术；采用精细测土、配方施肥、病虫草害快速实用监测技术，推广智能化农业生产管理辅助决策支持系统，支持农业社会化服务体系的先进装备技术与工具的开发等，以提高休闲观光农业园区的科技含量。

4.1.3 生产制度的设定

农业生产具有特殊的生物性和季节性，为此，要设定一套合理的生产制度，如轮作制度。为形成"四季有花、四季有果、四季有菜、四季有景"的独特田园风光，应坚持区域内农产品生产的特色化及专业化，树立自身的品牌，提高农产品和景观形象的竞争力。

例如，四川成都锦江区三圣花乡以"花文化"为载体，巧妙运用丰富的花卉农业资源，根据不同季节花卉的生产特性，营造春有"花乡农居"百花争艳、夏有"荷塘月色"绰约风韵、秋有"东篱菊园"含蕊迎霜、冬有"幸福梅林"傲雪吐芳的四季主题特色。

4.1.4 种养品种的引进

品种引进管理是对休闲观光农业园前期需要引进的农牧渔产品的品种、产地、市场前景等进行考察核实，再对引进的国内外优良品种进行试验和研究，筛选出适合本地区地理气候、土壤特点的优良品种，并在此基础上形成一套完整的栽培或饲养管理技术措施，保证其达到高产和优质，以提高园区农产品的市场竞争力。

例如，北京延庆东部的新庄堡杏树观光采摘园是华北地区最大的鲜食杏品种基地，该基地拥有'葫芦''骆驼黄''山黄''偏头''红金针''串枝红'为主的早、中、晚熟鲜食品种120多个，采摘期近2个月。

4.1.5 生产进度的拟定

通过编制园区农场耕作日历表，详细列出各种作物耕作的时间、种类、人力、材料(种子、肥料、农药等)、耕作设备等，以明确何时及如何完成各类不同的耕作工作，达到有效运用农业资源的目的。

4.1.6 栽培及饲养管理

栽培及饲养管理须坚持科学培育、科学饲养，坚持适时适量的原则，避免盲目，减少浪费，提高效率，从而降低总体运营成本。

4.1.7 收获及加工管理

为保证园区农牧渔产品的特色和质量，要对产品的采收和销售前的加工、包装过程进行必要的标准化规范，使每项产品的品质趋于统一，从而提高产品竞争力。

由于园区尤其是大型的综合性园区农业生产涉及的专业领域较多，如农学、林学、园林、园艺、畜牧、野生动物、昆虫等，因此，根据需要和实际情况，各个园区可下设农业技术部、生产部、种苗繁育部、畜牧兽医部、绿化物业部等，分别承担相应的生产任务。如农业技术部主要负责园区新技术、新品种的引进和推广及技术研发等。

典型案例

沙县马岩生态园农耕体验安排

沙县马岩生态园拥有学生实践蔬菜花卉基地30亩、果树种植实践基地100亩，精心打造具有特色的中小学生农耕体验基地。园区根据不同季节安排各种蔬菜、玉米、水稻等农作物的种植体验，让中小学生体验到翻土、育苗、施肥、收获等劳作的辛苦和乐趣，并学习到相关农业知识（表4-1、图4-10）。

表4-1 自然大课堂亲子采摘安排

月份	采摘安排
1月	叶菜
2月	叶菜
3月	叶菜
4月	叶菜、黄瓜
5月	番茄、黄瓜
6月	番茄、黄瓜、马铃薯、茄子、豆角、尖椒、青椒、菜花、西兰花、西葫芦
7月	西瓜、番茄、黄瓜、甜瓜、马铃薯、茄子、豆角、尖椒、青椒、菜花、西兰花、西葫芦
8月	水稻、玉米、番茄、黄瓜、甘薯、茄子、豆角、尖椒、青椒、菜花、西兰花、西葫芦
9月	花生、玉米、南瓜、甘薯、茄子、豆角、尖椒、青椒
10月	萝卜、叶菜、南瓜
11月	萝卜、白菜
12月	萝卜、叶菜、花菜

图 4-10　不同季节农耕体验

4.2　休闲观光农业园人力资源管理

　　人力资源是休闲观光农业园最基本、最重要、最宝贵的资源。园区的经营管理实质就是对"人"的管理，通过组织人员来使用和控制园区的其他资源——土地、资金、信息、时间、形象和口碑等，从而形成休闲观光农业园的服务接待能力，达到经营管理的预期目标。

4.2.1 园区组织管理机构

4.2.1.1 管理机构设置

要实现休闲观光农业园的管理，首先必须进行机构设置。机构设置是园区管理的一个基本组成部分，合理有效的机构设置可以提高园区的工作效率，保证园区正常高效地运行。

机构设置就是通过建立组织结构，规定职务或职位，明确责权关系，促使组织中的成员互相协作配合、共同劳动，有效实现组织目标的过程。通常按照科学、合理、高效、实用、精简的原则予以设置。常见的企业组织机构形式主要有下列3种。

图 4-11 垂直—直线制组织结构

（1）垂直—直线制

就是按直线垂直领导的组织形式，是源自军队管理的组织形式，又称为军队式机构形式，如图 4-11 所示。

这种组织结构的特点是：从最高管理层到基层，自上而下建立垂直领导关系，不专门设立职能机构。园区的命令和信息是从园区的最高层垂直下达和传递到最低层，各级管理人员集各种所需要的管理职能于一身，统一指挥，兼顾多种业务，所以垂直—直线制组织结构中一般无职能部门，或仅设一个职能部门，如办公室、财务部（室）等，这一职能部门可能兼有多种管理职能。

其优点是：组织结构简单，权力集中，指挥统一，责任明确，层次分明，信息沟通迅速，决策迅速，工作效率高，方便建立。但由于没有专业分工，因此要求园区经营管理者是"全能型"的人物，有关经营管理的各项工作都要他亲自处理。在企业规模大、业务繁重的情况下，经营管理者从时间、精力到专业知识构成上都很难适应提高经营管理效率的要求。

其缺点是：权力过于集中，决策缺乏民主，企业规模变大时决策者压力过大。

适用条件：比较适合规模较小、业务较单纯的小型园区，对规模庞大的园区不适合。

（2）直线—职能制

是将直线统一化原理和职能分工专业化原理有机结合起来的组织形式，也称为业务区域制。我国园区的组织形式目前多采用这一形式，如图 4-12 所示。

这种组织结构的特点是：将经营管理机构和人员分为两类，一类是直线指挥人员，拥有对下级指挥和命令的权力，并对主管工作全面负责；另一类是参谋和助手，有对业务部门实行指导、控制的权力，但无权直接对下级发布命令进行指挥。直线—职能制组织结构把园区所有的机构和部门分为以下两类：一类为业务部门。这类部门可以独立存在，有自身特定的业务内容，如园区的接待部、园务

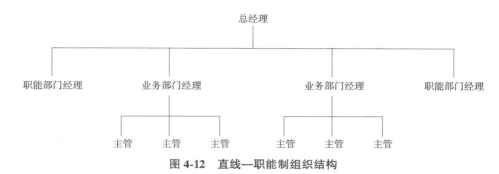

图 4-12　直线—职能制组织结构

部、餐饮部、商品部、娱乐部、工程部等，按直线制组织结构进行组织，结构简单，权责分明，效率高，但不利于横向的多维联系。另一类为职能部门。这类部门不能独立存在，主要为业务部门服务，如人力资源部、安全部、财务部、销售部、行政部、质管部等，按分工和专业化的原则执行某项职能，是按职能制组织结构进行运作的。直线制和职能制相结合，各扬其长，互补其短，形成"直线—职能制"组织形式。在这种组织结构中，园区每个业务部门都是一个业务区域，业务部门下面又可根据需要分为若干个业务区域。

其优点是：既有指挥命令统一化的好处，又有职能分工专业化的长处，是一种按照旅游市场营销活动职能来组织管理的机构形式。根据管理业务划分成不同的专业职能部门，部门之间责任明确，各部门对总经理负责，对下级行使管理职能。

其缺点是：权力高度集中，下级缺乏必要的自主权，容易产生多头领导；各直线指挥系统之间沟通较少，部门之间互相协调任务重，上下、左右容易脱节，沟通比较困难，不易从企业内部培养提拔掌握全面情况的经营管理人员。

适用条件：适用于中等规模的旅游园区，更适合大型园区。

(3) 事业部制

又称为分权结构，是美国通用汽车公司首先创立的，现被许多大型企业广泛采用，如图 4-13 所示。

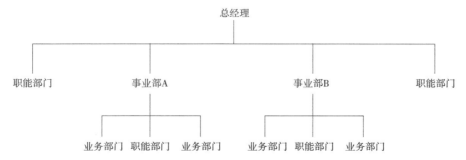

图 4-13　事业部制组织结构

这种组织结构的特点是：在园区总部下设立一些半独立型的经营机构（即事业部），各有其职能机构。各个事业部在公司统一领导下管理所属产品或地区的业务活动，实行独立核算，自负盈亏。

事业部制组织结构实行"政策制定与行政分开"的原则，最高管理层主要负责研究和制定各项政策，制订总目标和长期计划，并对事业部的经营、人事、财务实行监督，但不管事业部日常的具体行政事务；各个事业部在既定政策、目标、计划的控制和指导下从事业务活动，并根据需要建立自己的经营管理职能部门。

其优点是：各事业部具有相对独立的自主经营权，设立相应的职能机构，担负起独立的营销策略责任，具有利益经营、核算和管理3项职能。这样有利于发挥各个事业部的积极性和主动性；有利于最高经营管理层摆脱日常事务，集中精力于重大问题的研究；有利于将联合化与专业化结合起来。

其缺点是：不利于事业部之间的横向联系，容易产生本位主义，影响各部门之间的合作，忽视长远的整体利益；容易造成机构重叠，经营管理人员增多，经营管理费用增高。

适用条件：这种模式是当前国际上比较通用的模式，是一种适用于大型园区和集团化经营的连锁园区的组织形式。

(4) 其他

除了以上3种组织机构形式外，对于农家乐或乡村旅游，经营方式常以家庭为单位，以自我雇佣为主，所以在人力资源管理的体现上基本是家庭成员间的分工协作。

4.2.1.2 组织机构层次

(1) 从管理职能来看

园区组织机构大体上可以分为3级管理制，即决策管理层、职能管理层和基础管理层，如图4-14所示。

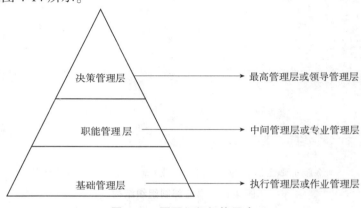

图 4-14　园区组织机构层次

①决策管理层 又称为最高管理层,成员由园区企业的总经理及其助手组成。是站在企业整体立场上,对企业进行全面综合管理,负责对企业经营管理活动进行全局性策划和组织指挥的管理层(或称领导层)。其主要职能是:确定园区企业的经营目标和经营方针,决定园区经营发展规划和组织结构,协调企业与政府、税收部门、银行以及其他企业之间的关系,确定企业管理制度,协调企业内部各子系统之间的关系等。

②职能管理层 是处于最高管理层和基础管理层之间的中间管理层,是帮助决策管理层参谋决策的专业管理层,承担各种专业职能管理职责。对于决策管理层而言,职能管理层是领导的参谋和助手;对基础业务系统而言,职能管理层则对基础管理层起着指导、控制、监督、协调的作用。现代园区企业的专业职能经营管理机构主要有接待、娱乐、园务、生产、工程、营销、财务、人事等部门。职能管理层的设立,使许多从事经营管理的人员能在各自的岗位上发挥专业职能作用,既有利于园区管理专业细分化,也有利于经营管理整体功能的发挥。

③基础管理层 包括执行管理层和作业管理层,位于园区经营管理的基层,是直接面对一线员工进行现场管理的层次。其主要职能是:执行园区经营目标、方针和各项重大决策;组织园区经营活动并进行经营过程的现场管理;对服务人员进行直接指挥、激励和协调、控制;落实企业各项基础管理工作等。基础管理是园区的奠基性工作,园区的综合管理和专业管理工作的开展以及整体功能的发挥,都有赖于基础管理工作的巩固和完善。

(2)从要素管理看

园区人员配置常采用 5 级管理制,即总经理、部门经理、主管、领班到服务员,某些大型园区会增设总监,如图 4-15 所示。

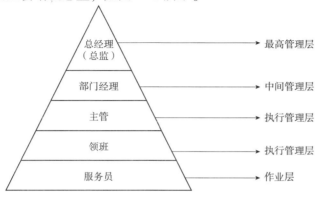

图 4-15 园区管理组织层次

4.2.2 园区人力资源类型

（1）经营管理类人员

包括园区董事长、总经理、副总经理、运营经理、销售经理、主任会计、助理会计等。

（2）娱乐服务类人员

娱乐服务工作人员的种类主要由娱乐项目决定。如 CS 野战、滑索等活动往往要配备教练救生员等。目前许多娱乐活动项目都提供教育培训服务，因此教练的配备越来越普遍。常见的娱乐项目有滑雪、滑草、水上拓展、游泳、高尔夫球、游艇、网球、卡拉 OK 等，这些项目的服务人员主要有教练或陪练人员、场地维持及工程技术人员、保安人员等。

（3）住宿餐饮类人员

①接待与前厅类　前厅经理、接待员、预订员、出纳、接线员、行李领班等。

②客房类　客房主管、助理客房主管、客房服务员、洗衣主管、洗衣员等。

③餐厅与酒吧类　餐厅经理、酒吧主管、领班、服务员、出纳等。

④厨房类　厨师长、助理厨师长、厨师、厨师助理、洗碗员等。

⑤维修与保护类　建筑维修工程师、园丁、清洁工、保安人员等。

（4）生产技术人员

包括生产规划、设施设备配置、品种引进、生产进度拟定、栽培或养殖管理、收获及加工等工作人员，其配置应考虑种植面积、种养品种及技术结构等。

（5）基础设施类人员

园区的基础设施包括交通、通信、供水、供电、医疗保健、商业等各类服务设施，其人员的配置应适当考虑游客人数的多少与技术结构等。

4.2.3 园区人力资源开发

4.2.3.1 工作岗位分析

对一个园区来说，工作岗位是某些工作任务的集合。工作岗位分析是指通过对工作现状的分析，了解工作内容的实质，根据分析结果写出工作描述，并列出工作人选的标准。工作岗位分析是人力资源管理流程中的第一个重要环节，也是其他工作程序的基础，还是一个系统评价的过程，可分为准备工作阶段、信息收集阶段、分析阶段和形成分析报告 4 个阶段，各个阶段都是紧密联系的。一般来说，工作岗位分析包含以下 3 个方面的内容。

①确定岗位的性质、任务、权限、责任、工作地点及本岗位与相关岗位的联系和制约等，并对这些内容做系统表述。

②明确岗位对员工的要求，即根据岗位自身的特点，说明承担本岗位的员工应具备的资格条件，如知识水平、工作经验、道德标准、身体状况等。

③对岗位设计的最终结果做出全面的表述，即制订出岗位规范和职位说明书等相关文件。

总之，工作岗位分析就是全面收集某一工作的有关信息，包括工作内容（what）、责任者（who）、工作地点（where）、工作时间（when）、如何工作（how）以及为何要这样做（why）等的调查研究，然后再将该职位的任务、要求进行书面描述，整理成文的过程。

工作岗位分析既为在每个岗位工作的员工确立了目标，明确了工作内容，又为企业员工招聘、培训、考评、晋升、调配、薪酬等人力资源管理提供了客观依据和标准。

4.2.3.2　编制岗位计划

休闲观光农业园区是一个多功能的复杂的新型旅游企业，各园区等级不同，范围大小不一，旅游主题各有特色，经营管理各有特点，对人才的需求也不尽相同。园区在员工招聘的时候，要以招聘计划为依据。因此，应该先考虑如何制订招聘计划。制订招聘计划时主要完成以下几个任务。

①明确人力资源需求　根据园区规模、主题内容和活动项目等因素确定岗位。

②对时间、成本和人员进行估算　根据园区岗位设置，对员工工作的时间和成本等进行估算，在此基础上推断某一个或者某几个岗位所需的人员数量，最后确定整个园区配备工作人员的数量。

③对园区内外部的信息进行分析　编制招聘计划时应充分考虑园区内部人员流失或园区业务扩张及市场扩大等因素。

4.2.3.3　制订职位说明书

职位说明书是根据工作岗位分析的结果用书面形式具体说明企业各类岗位的工作性质、任务、责任权限、工作内容和方法、工作环境和条件、所属部门、直接上下级等。招聘成功的关键在于要让应聘者了解相应职位的要求与工作内容，从事这项工作应具备的知识、技巧、能力，以及薪金、休假制度、上级领导等信息。许多招聘不成功，就是因为招聘单位没有详细说明职位要求和待遇。因此，制订好招聘计划后，紧接着需要制订相应的职位说明书。

职位说明书又称为工作说明书，主要包括两个部分：一是职位描述，主要对职位的工作内容进行概括，包括职位设置目的、基本职责、工作权限等内容；二是职位的任职资格要求，主要对任职人员的标准和规范进行概括，包括该职位的行为标准，胜任职位所需的知识、技能、能力、个性特征等内容。

资料卡

园区职位说明书

1. 职务名称：园区讲解员。
2. 所属部门：园区接待服务中心。
3. 上级主管：接待服务中心讲解组组长。
4. 聘用条件：专科及以上学历，年龄在18~28岁的身体健康的男性或女性；普通话标准；有一定的英语口语表达能力；有一定的讲解经验或有导游证者优先。
5. 职责与责任：负责对旅游团进行园区所有景点的讲解；完成上级布置的其他工作任务。
6. 工作关系：与讲解组组长以及其他讲解员相互联系，确保工作的顺利完成。
7. 工资、福利和其他收入：基本工资1500~1800元，另外，还有"五险一金"及完成规定工作量的奖金和福利。
8. 休假：每周休息1天，每年10天带薪休假。
9. 成长机会：园区讲解组组长。
10. 提交书面职位说明的日期：××××年×月××日。

4.2.3.4 园区员工的招聘

（1）园区人力资源的招聘管理

包括招聘人才的发掘、招聘工具的设计、招聘人员的培训。

（2）园区人力资源的招聘过程

①确定园区的具体岗位名称、特点、职位及其用人要求（如资历、经验、年龄、技术、能力等）。

②确定招聘途径：主要有内部招聘、社会公开招聘、从学校毕业生中招聘。

③发布信息，吸引求职者前来应聘。

④挑选员工：不同岗位有不同的选择标准，选择方式一般采用审查档案、笔试、面试等手段。

⑤试工：在于了解、审查受聘人员的实际工作能力和态度，试工期一般为3~6个月。

4.2.3.5 园区员工的培训

（1）员工培训类别

包括新员工培训、在职员工培训和管理人员培训。

(2) 培训种类

分岗前培训、岗位培训和工作模拟训练。

(3) 培训内容

根据岗位设置相应的培训内容。

(4) 员工培训的方法

有参与式培训、授课式培训、角色培训、参观考察培训、操作示范培训、员工自学等。

4.2.4　园区员工服务要求

4.2.4.1　员工服务理念

旅游是一种寻找美感和享受的体验活动，同时使游客对园区有美好的记忆和回忆。无论是体验还是记忆，其中都有情感和感受，讲究的是心情和心境。园区服务管理规范和条例明确了所有的园区工作管理标准和岗位职责表现。倡导文明、快乐服务，从自身的一言一行抓起，从点点滴滴的小事抓起。严禁出现任何有损园区的行为，使每个游客都能高兴而来，乘兴而归。园区在个性化服务方面，要树立4个理念。

(1) "游客至上"的服务理念

在旅游服务过程中，坚持以"服务游人、奉献社会"为宗旨，以"游人满意"为标准，要求员工用心去经营，用情服务，提高广大职工的责任感和优质服务的意识，对员工、从业人员进行服务礼仪、职业道德、安全知识和专业岗位集中培训，通过全员培训，不断提高从业人员的文明程度和业务素质，不断提升服务质量。如制定园区不同岗位文明服务规范及《园区员工文明守则》《园区文明经营标准》和《园区从业人员文明公约》等，不让一个游客在园区受委屈。不断提升园区文明创建水平，促进园区和谐发展。

"游客是我们的上帝，我们是游客的服务员"，在服务中推行"三要""四心""五主动"活动，将游客视为亲朋好友，想游客所想，急游客所急，切实将游客利益放在首位，努力实现零投诉率和高满意率。"三要"，即对游客要语言文明、以礼相待；维护秩序要行为规范，态度和蔼；遇到分歧误解要晓之以理，动之以情。"四心"，即接待游客要热心，解决问题要耐心，接受意见要虚心，工作要认真细心。"五主动"，即主动宣传安全旅游，主动为游客排忧解难，主动征求游客意见，主动为游客当好义务向导，主动引导游客做文明游客。

(2) "人人都是旅游环境"的服务理念

以开展提升中国公民旅游文明素质为载体，要求员工统一规范着装和装扮，配证上岗,讲普通话,说文明语,从自身入手,从小事抓起。提升员工综合素质和文明礼仪,开展文明员工签字仪式、文明员工评选和文明行为自查自纠等活动,使"人人都是旅游形象,处处都是旅游环境"的理念深入员工内心,成为自上而下的自觉行动。

(3)"人性化"的服务理念

实施"六心"为主题的游客温馨服务工程,即让游客吃得舒心、住得安心、行得放心、游得欢心、购得称心、娱得开心。

对游客实行"八免",即免费提供开水,免费赠送导游图,免费旅游咨询,免费如厕,免费提供厕所手纸,免费寄存,免费手机充电,65岁以上的老人、现役军人、离休干部实行免票政策,对60岁以上的老人、残疾人士和学生实行半价优惠。

在游客中心和游客聚集地设置医疗室,配置医疗救护车、急救设备、担架;在厕所设计残疾人车位;在游客的集中地安装大屏幕不间断地播放节目;设置吸烟点;健全投诉网络,实施24小时投诉电话值班制;完善园区人性化的标识标牌,为游客创造一个舒心的旅游环境。

(4)"精细化"的服务理念

从细节入手,从小事抓起,把游客身边的小事当作关系园区形象的大事,时刻让游客享受到园区的关怀。考虑多数游客的需要,在游客服务中心设立休息室、婴儿车、残疾人专用轮椅、电子触摸屏、三维立体导游图等设施,使游客时刻享受贴心的服务;在接待服务中心配备人性化的服务设施,如各种咨询、科普读物,以及雨伞、拐杖、游客意见本等;作为导游员,要用生动的语言让游客对园区的文化和美景留下深刻的印象,在导游讲解的服务中全程跟踪反馈,对游客的意见进行统计分析。

4.2.4.2 员工服务要求

(1)服务礼仪

是指服务人员在自己的工作岗位上向服务对象提供服务时的标准的、正确的做法。出于对游客的尊重与友好、热情与周到服务的需要,园区服务人员应表现出良好风度与素养。在服务中要注意仪表、仪容、仪态,给游客留下深刻美好的印象。

①仪表、仪容和仪态 仪表是指一个人的外表,包括体形、服饰、容貌、姿态、举止和风度,是一个人精神面貌的外观体现。仪容是指一个人的容貌,也包括按照社会的审美观念进行修饰后的容貌。俗话说"三分长相,七分打扮"。一个人的衣着服饰不仅反映出修养与魅力,也反映出个人爱好、情趣等内在品格。仪

态是指一个人的姿态与风度，是外在之状与内在之质的综合外显。人们常通过一个人仪态的高雅或粗俗来判断其美丑，反映出其品格、学识、能力等修养程度。"坐如钟、站如松、行如风、卧如弓"即是人在动态中的形态展现。

要求园区员工统一着装，佩戴服务标志；仪表、仪容要整洁、干净、卫生、端庄、大方；精神状态饱满，姿态稳重文雅。

②礼貌、礼节　礼貌体现了时代的风尚和道德规范，体现了人们的文化层次和文明修养。不同国家、不同民族、不同时代及不同的行为环境中，表达礼貌的形式会有所不同，但在相互尊重、友好相处这一点上却是相同的，在诚恳、谦恭、和善、适度的要求上也是一致的。讲礼貌应当做到彬彬有礼、落落大方。衣冠不整、出言不逊、冷漠自负、动作粗俗，是对他人的不尊重。热情过度、过分殷勤、低声下气，也并不是礼貌。礼节是人们在相互交往中相互表示问候、致意、祝愿等惯用的规则和形式，是表示对他人尊重与友好的外在行为规范，是礼貌在语言、行为、仪态等方面的具体体现。与礼貌相比，礼节处在表层，总是表现为一定的动作、行为。但礼节并不仅仅是一种表面形式，而是尊重他人的内在品质总是通过一定的形式才能表现出来。比如，得到别人的帮助，可以通过说"谢谢"来表示感激的心情。讲礼貌、懂礼节应当是内在品质与外在形式的统一。

礼貌服务、礼貌待客是园区服务人员的基本要求，服务人员要主动、热情、耐心、周到，表现在语言文明、态度文明和动作文明3个方面。园区服务中的主要礼节方式有称呼礼节、迎送礼节、询问礼节、交谈礼节、应答礼节和操作礼节等。园区最常用的礼节有鞠躬礼和引路礼(应走在左前方1m左右)。服务人员在礼貌服务时，应树立"宾客至上"的思想，使客人感到亲切。同时，应做到不卑不亢、自尊自爱，讲人格、讲国格。

(2)语言艺术

①服务语言　使用服务语言，掌握一定的语言艺术，是园区员工素质和水平的重要体现，并直接影响到园区服务工作的成败。服务语言表现为口头语言(主要形式)、副语言(语调、笑声等)和形体语言(表情、手势等动作语言)3种形式。规范的服务语言，得体的称谓，明确的语意，谦和的语气，文明的用语，标准的普通话，都会使游客对园区服务工作产生信任。

园区服务中要使用敬语。敬语是对游客表示尊敬的语言，使用频率最高，体现出员工的文化、知识、能力和教养水平。常用的敬语主要有：称呼语、招呼语、见面语、道别语、介绍语、感谢语、道歉语、赞美语、委婉语和谦让语等。一个好的员工应注意学习、了解游客的习俗和禁忌，尊重游客，不讲忌讳语言，文明礼貌地与游客打交道，提高自己的语言服务水平。学会使用十字文明礼貌用语

"请、您好、对不起、谢谢、再见"，其中用得最多的是"请"和"谢谢"。

②交谈艺术　园区员工与游客交谈时态度要诚恳，自然、大方，语言要亲切，表达得体，不能东张西望或做其他事，不能对游客爆粗口，要使用幽默、诙谐的语言。要注意聆听对方的谈话，用耐心、鼓励的目光让对方说话，不时地用"啊、噢、对、是的"等语音来陪衬；不要轻易打断对方或插话，应学会使用"对不起我插一句"或"对不起请让我打断一下"。如果话还没听明白就下结论，只会让游客觉得是一种粗鲁、无礼的表现。如果同时接待几位游客，一定要照顾到在场的每一位，注意礼貌、礼节，不可长时间地只关注一人，冷落了他人。碰到游客投诉发生争执时，应保持冷静，不可强词夺理，不能说刺伤游客的语言，切忌语言垃圾（脏话、粗话、伤人的恶语），与游客保持适当的谈话距离。

（3）微笑服务

微笑服务在游客眼里有特殊的意义，是用来判断对方是否欢迎自己的标准。微笑在服务中能抓住游客的审美期待心理，给他们带来愉悦的情绪。由于微笑时面部肌肉是充分放松的，脸部线条自然，容易使游客产生亲切动人的感觉。微笑作为服务的辅助手段，应始终伴随着服务的过程。它应是热爱本职工作的自然流露，应是主动热情为游客服务的态度，因此要做到主动热情、耐心周到，就必须重视微笑服务。微笑必须做到"三笑"（眼笑、嘴笑、心笑）、"三结合"（与眼睛结合、与语言结合、与身体结合），第一眼就应吸引游客，唤起情感的共鸣，使服务上升到一个较高的层次。游客的满意自然也会使员工感受到服务的乐趣，感受到工作给自己带来的欢乐。

资料卡

服务人员九要点

嘴巴甜一点；脑筋活一点；行动快一点；效率高一点；做事多一点；理由少一点；肚量大一点；脾气小一点；说话轻一点。

4.2.5　园区人力资源激活

4.2.5.1　员工绩效考核

（1）绩效考核的内容

分为工作表现考核（基本素质、工作能力、工作态度）和工作成绩考核（工作质量、工作效率、工作成果、业务成绩）。除了这两个基本考核项目外，园区还可以根据不同岗位，增加相应的与工作相关的测评内容。

（2）绩效考核的流程

建立绩效考核机构→确立员工绩效考核体系和机制→对绩效考核工作人员进行培训→实施绩效考核→公布绩效考核结果→跟踪调查，意见反馈。

4.2.5.2　园区薪酬制度

（1）薪酬制度制定的原则

应遵守合法性原则、公平性原则、竞争性原则、适应需求原则、激励性原则和个性化原则等。

（2）薪酬管理的流程

工作分析与职位评价→园区内外薪酬状况调查分析→确定合适的薪酬制度→实施和调整薪酬制度。

4.2.5.3　员工激励机制

（1）激励类型

分为物质激励和精神激励两种类型。

（2）激励机制

有薪酬激励机制、竞争激励机制、领导激励机制、文化激励机制和综合激励机制5种类型。

4.3　休闲观光农业园市场营销管理

对休闲观光农业进行市场调研、分析、预测及定位，进而选择合适的市场营销策略和有效的促销推广方案，是园区管理的重要内容之一。

4.3.1　园区市场营销的含义

休闲观光农业园市场营销是指经营者根据旅游市场需求和自身旅游资源进行产品开发、定价、促销和分销的计划和执行过程，是休闲农业资源优势和产品优势转化为产业优势的重要途径。

管理大师彼得·德鲁克（Peter F. Drucker）认为，企业存在的目的在于创造顾客、服务顾客、满足顾客。而要达成这个目的则需从事有效的市场调查结合营销服务。因此，休闲观光农业园的经营者必须了解游客心中有什么想法，想要的是什么，如何将各种休闲游憩活动与服务质量进行改善。而且休闲观光农业园努力的方向，应着眼于替游客（包括内部或外部游客）创造休闲游憩活动与服务价值。再者，休闲观光农业具有其生态资源与农村生活文化及绿色产业的独特性，这些特性势必提醒休闲观光农业园经营者转变经营观念，增加休闲游憩活动项目和增强服务系统，把游客视为休闲游憩活动与服务过程的参与者。也就是将游客的休闲游憩活动与服务过程中当作一种投入，而游客的满意度则当作一种产出。因此，如何借由提高园区的休闲游憩活动与服务满意度，以创造游客与休闲观光农业园未来关系持续维系的竞争优势，将是休闲观光农业园营销管理的成功关键。换言之，了解休闲游憩活动与服务的市场需求及相关农业园信息，如游客对休憩活动的认知、休憩动机、休憩价值观、主要休憩方式等，并据此规划农场营销策略方向，将是衡量休闲农业休憩活动与服务满意度的重要方法，也是游客持续与休闲农场维系关系的关键基石。

4.3.2 园区市场营销的内容及要点

4.3.2.1 园区市场营销内容

（1）休闲观光农业园市场调查

如狭义的休闲观光农业园市场调查、营销组合有关的调查。

（2）休闲观光农业园商品规划

包括商品定位、销售对象的确立、销售渠道的选择、预估销售量、销售费用与预估成效等。

（3）营销渠道拟定

如渠道广度、深度与长度，新渠道的设定，原有渠道的维持与管理、对渠道的扩展活动等。

（4）销售活动促进

如运用重点与集中的原理筛选销售对象。确认促销的主题或诉求内容重点，挑选合适的销售对象，再根据销售对象的特点采取有效的营销技巧等。

（5）广告宣传活动

如提高休闲观光农业产品的市场竞争力、知名度与曝光率等。

（6）营收管理活动

即营业收入管理。加强营收管理，可以促使企业深入研究和了解市场需求的变化，以便做出正确的经营决策，这样可以提高企业的素质，增强企业的竞争力。

4.3.2.2 园区市场营销要点

（1）衡量并改善游客满意度

游客满意度调查活动不是消极地发掘游客的不满意，加以改善，更重要的是积极主动地发现游客满意度的增长点，加以强化。其中，通过游客满意度调查、游客抱怨处理系统、流失游客分析系统等来衡量游客满意度，并深入寻找原因，进而提升游客满意度，是休闲观光农业休憩活动营销评估的必备功课。

（2）把游客视为服务过程的共同制造者及参与者

对休闲游憩活动与服务而言，活动与服务过程即是产品。游客对于活动与服务质量的印象来自整体服务经验，而不只是来自外在的活动与服务。根据策略性观点，休憩活动与服务也将因与游客关系的不同，而使其活动与服务形态有所差异，加上园区具有其生态资源与农村生活文化及绿色产业的体验独特性，促使园区经营者有必要把游客视为活动与服务过程的参与者。游客可以在心理层面隐约察觉到内在的服务感受，如休闲游憩服务过程中气氛的舒适与自在、体验活动解说服务后的安全与满意的保证等。

（3）制造第一事件营销

借着促销活动介绍新休憩活动。一般是有计划地策划、组织、举办和利用名人与具有重大新闻价值的活动，制造出具有重点新闻效应的事件，吸引媒体和社会公众的兴趣与关注，以达到提高园区的社会知名度和最终促进产业或服务销售的目的。但是，事件营销成功的第一要素是在时间点上要抢第一，必须第一时间报道才有新闻价值。因此，事件营销的核心技巧，就是做别人没有做过的，说别人没有说过的。要想达到这一目的，园区首先需对自己的资源优势进行分析，还必须了解竞争对手的优势，才能够加强游客的印象。因此，营销策划人员必须保持对社会政治、经济、科技、文化等方面的专业敏感度，才能抓住和制造出好的营销事件。

（4）采用面向未来的新营销模式

充分应用信息科技、互联网，将客户需求具体化，不刻意去操控游客，而是协助他们了解他们的需求，并使他们体会到园区所提供的活动或服务最能符合他们所需。如采用植入式营销，将产品或品牌及其代表性的视觉符号甚至服务内容策略性地融入电影、电视剧或电视节目内容中，作为演员使用的道具或通过场景的再现，让观众留下对产品及品牌的印象，继而达到营销的目的。例如，2009年热映的影片《非诚勿扰》中对西溪湿地和海口的宣传，可谓"不着一字，尽得风流"。

（5）培养有效处理营销危机的管理能力

危机公关也是营销中不可忽视的部分。所谓危机，是由客观或主观因素甚至是不可抗拒力所引发的意外事件，而使园区产生的紧急或危险状态。对休闲观光农业园来说，一旦发生营销危机，会带来重大的经济损失和形象伤害，甚至导致破产。然而事实上，营销危机中蕴藏着商机。亦即危机虽不可避免，然而并不一定就是坏事，关键在于休闲观光农业园经营者如何看待这一危机以及在危机出现后的管理能力。因此，要强化与游客的沟通，建立客户档案。设立免费消费者热线，妥善处理游客投诉、访问流失的问题，维持与游客的关系，并以积极的态度处理事件，挽回游客、防范游客流失，稳固品牌地位。

此外，休憩活动如果让人有完整的感官与情感体验，会更有力量。如果能触发人类的五感，如视觉、味觉、触觉、嗅觉，则更能提高整体的印象。所以，强调游客所接触到的活动与服务是由多元、全方位的刺激所组合而成的体验，才能更好地达到营销效果。

4.3.3 园区市场营销定位

科学的休闲观光农业园市场营销就是在科学的发展观思想指导下采取科学的营销方法和手段，通过分析、计划、执行、反馈和控制这样一个循环过程来协调各种旅游经济活动，实现获利的经济和社会目标。休闲观光农业园在制订营销计划之前应先做市场调研，在此基础上为休闲农业产品进行主题定位、市场定位和价格定位。

4.3.3.1 主题定位

主题定位基于对所有产品的整合，挖掘最有特色的文化内涵，设计让游客感觉到新颖、新鲜、新奇的主题。

4.3.3.2 市场定位

市场定位是在市场细分的基础上确定产品的目标市场。根据消费者对休闲观光农业需求的不同，可细分为以下几种不同类型的消费者群。

（1）中小学生

根据中小学生开办的自然知识课程、科技知识课程、手工课程，有针对性地设立项目，使特色农业区成为中小学生学习的第二课堂，为中小学生提供户外教室等各种活动场所，以及拓展训练、夏令营、冬令营、春游、秋游及直接参加农业生产的活动机会。

（2）想体验"农家乐"的城市居民

为长期居住在城市、没有参加过农业劳作的人群提供参与农业劳动的机会和空间，向其传授相关农业知识，让他们亲身体验农趣。

（3）有思乡怀旧情感的城市居民

很多出生于农村、在农村长大而最终生活在城市里的人对农村、农民有一种特殊的情感，也希望自己的家人特别是孩子对农村、农业有所了解。

（4）向往大自然的"银发族"

针对高龄化社会，为日益增多的银发老人获得心灵的安宁，体验耕种、收获，享用农产品及把产品馈赠他人的快乐，提供适当的场所和服务。

（5）特殊人群

根据城市特殊人群的需要开设项目，让他们积极参与。如针对年轻人，为他们开辟栽种"恋人树""爱情树""结婚纪念树"的场地，针对中青年群体开辟狩猎场、捕鱼场，为下岗工人提供场地承包经营的机会等。

4.3.3.3 价格定位

价格定位是根据目标市场的消费能力、消费偏好等特征为产品定价。

4.3.4 园区市场营销策略

4.3.4.1 产品策略

休闲观光农业旅游产品与服务除了满足游客对该产品基本功能的需求和期望产品属性外，还应该拓展其附加产品（附件利益和服务）和潜在产品（产品的未来发展），或添加新的属性，以发展出能与竞争者进行有效竞争的产品属性或差异化属性。因此，休闲农业旅游产品与服务在规划上，宜找出本身在营销竞争上的差异化优势。比如，把握流行的话题或议题灵感，塑造新休憩活动与服务产品，即能使营销规划事半功倍。但实际上，由于市场环境的变化、游客偏好的转移及竞争压力等因素，休憩活动与服务产品必须定时加以更新调整，如此才能掌握市场的先机，切勿一味沉浸在过去成功的产品线而忽略了更新。

4.3.4.2 定价策略

由于休闲观光农业产品经营环境日趋动态化，许多完美的定价策略可能很快过时，同时各个市场区隔的价格接受水平与游客接受程度、环境变化（季节、竞争等）有密切关系，因此，应当针对环境的变动来调整定价或差别取价。

差别取价是针对市场竞争条件的变动幅度，运用价格的上下弹性调整，来制定不同消费者最能接受的价格水平。差别取价的目的在于极大化短期利润，因此，营销的重心在于强调经营的利润而不在于追求销售量。差别取价策略可分为5种形式：

①市场差别取价　即针对不同的市场区所或地理区隔的游客，制定不同的价格，如学生优待、敬老折扣、全家福折扣。

②休憩活动与服务产品市场取价　即依产品的形式制定不同的价位，如套装行程、邮购礼金包装，现购礼盒包装、团购礼金包装、学生型礼盒包装等。

③时间差别取价　即依淡旺季、平日、假日的时间不同，制定不同价格。

④技术差别取价　即依休憩活动与服务产品的繁简程度过程来定价。

⑤累计消费次数差别取价　例如，累计消费满3次送八折价券、累计消费满5次送五折价券等。

4.3.4.3 渠道策略

营销渠道是休闲观光农业园连接消费者的桥梁,目前休闲观光农业园的营销渠道主要有 3 种形式。

(1) 直销渠道

休闲观光农业园区直接向消费者销售的渠道,一般由园区营销部、销售部或从事销售的部门和人员来完成。直销渠道是休闲观光农业园最常见的方式,常见的直销渠道有以下 3 种。

①人员直销　园区业务人员直接向消费者个人或团体进行推销,销售业绩取决于个人能力和人脉。这是休闲观光农业园运用最广泛的直销方式。

②网络直销　园区通过网站宣传、网络建店、网络社交媒体等方式直接向消费者个人或团体进行推销,在寻找到潜在顾客后,再转为人员直销,即特定业务员与消费者直接沟通。最近几年这种方式发展很快,特别是在农产品销售方面取得了很好的效果。

③其他直销　利用电话、传统媒体、促销活动(如发放优惠券)等方式直接向消费者个人或团体进行推销。这些方式借鉴了其他行业的经验,如电话推销、优购推销、促销推销等,效果不是很理想。

(2) 专业渠道

专业渠道是指通过专业的第三方代理的方式进行销售。第三方渠道的主体必须是专业从事旅游、休闲、娱乐业务的机构,对市场开发具有专业能力,并能向园区提供长期稳定的客源。这些机构和个人有比宽的消费者接触面,能形成可观的销量。利用专业渠道是各行业普遍采取的方式,也体现了营销分工越来越细的大趋势,但目前为休闲观光农业行业提供服务的专业渠道比较少,且园区的经营者对专业渠道的重视也不够。休闲观光农业园市场营销专业渠道主要有以下 2 种。

①线下分销渠道　指直接在销售端向消费者提供服务的机构,如旅行社、旅游经纪人、会务会展公司、公关公司、票务公司等。

②线上分销平台　如旅游类网站、旅游信息中心、OTA 在线(如携程和艺龙)、区域分销平台(如一品密云)等。

(3) 特殊渠道

特殊渠道是指具有一定的客源,但并不专业从事代理的机构。如单位、企业、协会、学校、居委会、小区物业、车友会、群众团体(如合唱团、网络圈子)、商场商店、服务类(如通信、金融、美容美体)公司等,都可以成为休闲观光农业园的特殊渠道,但是需要开发和强力维护,否则作用不大。特殊渠道面向的是团体内部个人的消费,往往具有长期性。

在营销渠道规划的应用上，对现有的营销渠道有必要重新调整，以维持营销渠道的最大效益。

4.3.4.4 推广组合策略

休闲观光农业园开展营销有提升知名度、吸引人潮集中、增加游客量、诱使竞争对手游客转向游憩消费、强化巩固忠诚游客、吸引新游客体验等良好效果。为能在产业竞争市场中兼顾经营利润、市场占有率和永续发展，休闲观光农业园的营销必须以有限的资源将户外广告推广、消费者推广与网络推广等多种推广方式混合运用，多角度整合，协同操作，以达到最高的互补关系、最佳的沟通效果与均衡的推广相结合，实现营销效益最大化。

参加农业游憩活动的游客，除了活动的休憩体验外，与休憩活动相关的教育或学习训练亦可能是游客休憩体验的期望。因此，休憩活动在推广组合规划的应用上，除须对产品因素、市场因素、顾客因素、预算因素、营销组合因素、环境因素等六因素加以衡量、重视外，还要考虑休憩活动属性以及游客的教育、学习或休闲价值观与核心需求所在。

4.3.5 园区市场营销方法

就目前我国休闲观光农业园的发展现状来看，大部分园区的旅游产品缺乏科学的营销方法，这不利于长远发展。要促进休闲观光农业园的可持续发展，必须构建科学的营销方法。

4.3.5.1 一般广告

主要利用报纸、杂志、电视、广播等大众媒体宣传推介旅游产品，提高知名度。

4.3.5.2 展销会、交易会推介旅游产品

使旅行批发商和零售商、媒体、顾客之间建立合作关系，宣传旅游形象、提高知名度，同时寻找合作伙伴。

4.3.5.3 旅游节庆活动

以主题活动的具体形式在适当时候举办节庆活动，激活人气，吸引眼球，提高知名度，扩大客源。通过文化创意，精心策划，细化"四季旅游"，尤其是春、秋两季节庆活动内容，走市场化运作之路，将活动规模与活动影响面逐渐扩大。推出系列促销策划、形象提升策划活动。同时根据不同旅游项目的特点适时地设计有特色的促销活动，扩大吸引力。

4.3.5.4 口碑营销(利用游客口碑传递正面体验)

休闲观光农业旅游产品具有空间上的不可转移性、生产与消费的时空同一性、

时间上的不可储存性等特征，游客在做出购买决策之前无法通过试用等手段来了解产品，只有在来到园区消费的时候才能以亲身的体验对园区产品做出评价。从口碑传播与其他促销手段的比较来看，广告和销售人员宣传园区产品一般是站在园区的立场上，是为园区的利益服务的，所以人们往往怀疑其真实性；而口碑传播是游客之间甚至是熟人之间的信息交流，传播者对园区产品有着最直接和最真实的体验，他们对产品的评价将影响信息接收者消费产品后的感受。

4.3.5.5 互联网营销

利用互联网宣传旅游整体形象，不断更新、充实，扩大覆盖面。同时针对中青年及学生群体，在公众关注度高的论坛上发布园区的宣传信息和最新动态。

4.3.5.6 商品营销

加快研发和生产乡村旅游商品、纪念品，推进"果进篮、花进盆、菜进盒、农副产品进袋"工程，提升地方农产品形象和附加值。扶持一批特色农产品加工企业和诚信规范的购物商店，形成乡村旅游商品、食品和纪念品生产销售体系，使游客能买到理想的旅游纪念品。游客带回纪念品无形中就是带走了宣传的活广告。

4.4 休闲观光农业园游客管理

游客是休闲观光农业园的主角，是为园区带来经济效益的顾客。若忽视游客管理，有可能造成众多的旅游投诉甚至旅游事故，给园区造成惨重损失。

4.4.1 游客个体旅游行为的差异

游客来自不同的地区，有不同的个人背景、心理特征和风俗习惯，其旅游行为也存在着差异。只有掌握游客的个体特征，才能有针对性地提供优质服务。

4.4.1.1 影响旅游行为的游客心理分析

按照心理学的基本理论，游客心理是指旅游活动中游客的感觉、知觉、记忆、思维、情绪、情感、意志及性格、能力、需要、动机、兴趣、理想等心理现象。游客的心理对于其行为具有决定性作用，往往是游客行为的主要动力来源。游客中常见的4种心理状态如下。

（1）好奇心理

好奇是游客最为典型的心理特征之一，求新、求异的心理也正是游客旅游行为的根本动机。在好奇心理的驱使下，游客对于园区内的任何新鲜事物都抱有十分新奇的感觉并且乐于去尝试。游客的这种好奇心理并不具有持续性，在实际旅游过程中，游客的好奇心理强度会随着时间和距离的推移而逐步变化。在园区经常可以看到游客下了汽车之后兴奋地四处走动并观望拍照，导致园区入口处一片忙乱的景象。进入园区后，游客的好奇心强度随着景观的变化而变化，呈现出多个小高潮。而游程临近结束时，往往设置有游客购物的场所，游客的情绪又被调动起来，从而形成全过程中的一个次高潮。

游客强烈的好奇心对于园区管理而言可谓喜忧参半，喜的是游客好奇心强表明园区的吸引力较大，而忧的是兴奋而充满好奇心的游客难以管理，容易引发事故。一般而言，在好奇心强度的波峰和波谷处较易于发生事故，因此，在该阶段游客管理工作应受到高度重视。在好奇心强度的波峰处游客较为兴奋，容易产生不理智和不文明的行为，对环境和景观资源造成负面影响。因此，在进入园区之前应对游客进行行为教育。而在好奇心低谷处，游客的体力和注意力较差，往往容易引发安全事故，此时则应注重对游客进行安全警示。

（2）占有心理

占有欲是每个人都有的普遍心理，从本质上来看，人是利己的动物。因此，每当看见美好事物，人总是希望能够将其占为己有。与此同时，人又是拥有自我意识和自我控制能力的社会个体，所以人可以合理地控制自己的欲望及行为。对于游客而言，面对全新的环境和景观，部分游客的理智无法控制情感，有意或无意地对园区内的资源和环境造成破坏。如爱好古物者有可能偷偷揭起古建筑上的砖瓦将其带走，爱好动物者则追逐动物，拔下鸟类身上的羽毛，对于无法取走的东西则用手摸、用刀刻。这是普遍存在的现象，只有通过持续不断的教育并采取一定的强制措施，才能保证游客行为方式不受该心理的影响。

（3）从众心理

从众心理也是人最为普遍的心理特征，即人总是习惯于跟着前人的足迹前进，而不管道路是否正确。该心理特征占主导地位的人，较为关注身边的人的行为，不假思索地将周围人们的行为作为自己行为的准则，"人云亦云"描述的就是这样的从众状况。

在园区中，游客的从众心理也对游客的行为产生影响，比较典型的是在一个堆有垃圾的地方，即使旁边明确标识有"此处严禁倒垃圾"的字样，部分游客还是会将垃圾置于该处，并且振振有词："反正已经有人扔过了，多扔点方便环卫工人清理。"盲目地跟风和从众心理是园区中某些游客不文明行为屡禁不止的主要原因。

（4）逆反心理

人们常说："得不到的往往是最好的。"有些东西越不想让某人得到，他越想要得到；有些事情不想让某人知道，他偏想要知道。这就是逆反心理的一种典型表现。在市场营销过程中，营销主体也经常利用人们的该心理特征吊起消费者的胃口，从而让其主动消费，如某些商品的涨价销售、市场不景气时的"饥饿疗法"等。

在园区中，游客受到逆反心理的影响会做出"明知山有虎，偏向虎山行"的"英雄"行为，结果是自己遭受损失，甚至连累其他游客。如园区内明确标识不准进入的区域，某些游客偏要进去；严禁火烛的地方，却要点烟放火；不准攀高的地方，照爬不误。游客攀爬坠落、浮桥翻倾、闯禁陷困等事故便是游客不遵守规定的结果。对于此类游客，园区应制定严格的游客行为规则并在重要地段派专人守护。

4.4.1.2 游客的背景对旅游行为的影响

（1）经济收入

收入水平的高低直接影响游客的旅游购买行为，具体表现为影响购买旅游产品的种类、品牌、购买方式及购买数量。从调查中得知，游客以中等收入者为主，占旅客总数的60.3%；高收入者次之，占游客总数的1/3。这说明随着人们生活水平的提高，旅游正成为人们生活的一部分。低收入游客只占总数的6.3%，表明收入水平与游客出游行为有着直接的联系。由于最高收入层的人士往往工作繁忙，他们反而没有时间参加更多的旅游活动，出游频率出现一定程度的下降。但一般来说，收入越高，说明其可自由支配的收入越多，在选择产品时，更注重自己的兴趣而不在意产品的价格。

（2）性别

调查发现，男性出游率略高于女性。国内游客男性为55.7%，女性为44.3%，男性高于女性约10个百分点。虽然调查结果有时会因调查者的样本选择而有所偏差，但总体上来看，我国的男性公民比女性有更多的出游机会是公认的事实。产生的原因有：男性较女性更富于导向型心理特质，倾向于选择刺激性产品；男性比女性有更多的公务外出机会和可自由支配的空闲时间；男性的体魄较女性强健，因而男性产生旅游意愿的可能性比女性大。但在购物旅游的消费水平上，男性低于女性。

（3）年龄

年龄不同，旅游需求不同。总的来说，年龄与旅游需求之间相关，且年轻人比老年人更趋向于参加旅游活动。进一步的分析还发现，对于不同类型的旅游活动，不同年龄层的人参与率也是不同的。一般老年人体力有限，探险欲望低，旅游时往往较多地选择较省力、安全的城市旅游地。

不同年龄的人，所处的生活环境不同，所扮演的生活角色不同，社会化的程度也有差异，在旅游行为层面上有很大的区别。其原因在于：24岁以下的游客，易于接受新思想、新事物，希望能够全身心地体验丰富多彩的世界，旅游动机较强。但由于这一年龄组多为学生和刚参加工作的低收入社会群，可自由支配的收入少，客观上限制了个人旅游行为，因此，形成了较低出游率。25~44岁年龄组具有较稳定的社会地位、较高的经济收入、丰富的人生阅历，但要承受较大的社会压力，为了减轻身心的疲劳，他们非常愿意选择与自己身份、地位相称的旅游方式，以求精神上的放松、身心的调节以及审美情趣的陶冶，因此出游率比较高。45~64岁年龄组从收入、地位、积蓄上来说，与上一年龄组相当，甚至高于上一年龄组，但由于受到自身条件的局限性，更愿意待在熟悉的环境中工作和生活，加之经费支出项目增加，如子女的学习和婚嫁、养老保险、医疗费用等，在可自由支配收入上显得不那么宽松、富裕，因此，出游受到一定的影响。

(4) 受教育程度

一般来说，由于出游行为很大程度上是一种精神消费，因此受教育程度越高，对旅游的需求越大。受教育程度对游客关于不同类型的旅游活动的偏好具有影响。主要原因在于，不同的文化层次间接地造成了游客社会地位、经济收入及需求层次等的明显差异。受教育程度越高，所选择产品的文化含量越高。此外，受教育程度越高，知识越丰富，了解外部世界的愿望就越强烈。因此，高学历者对自己的旅游行为有较明确的目的性，而中等学历的人产生旅游愿望更多地受大众媒介的影响。

(5) 职业

游客职业不同，意味着收入、闲暇时间和受教育程度不同，旅游的倾向和需求也不一样。由于职业和身份的不同，游客对游览内容和对象的选择不同。一般来说，游客根据各自的专业和兴趣选择旅游点。如爱好历史的游客，对过去的文化持有特殊的感情和兴趣。各类职业中，行政和企业管理人员、专业技术人员、商务人士、工人的出游机会更多，因为这4种职业的人一般工资水平较高、福利较好、度假疗养和出差的机会较多等。其中，行政和企业管理人员、商贸人员去城市出差的机会较多，因而去城市旅游的机会也较多。学生、教师是寒暑假游客的重要组成部分。学生是一个特殊的群体，他们精力旺盛，求知欲强，对大自然的美景满怀憧憬，是生态旅游的重要参与者，在游客中占相当大的比例。尤其在暑假和寒假，学生不愿闷在家里，出游欲望强烈，家长也有意让孩子外出游玩，增长见识。学生依靠家庭经济支持，成为不可忽视的旅游群体。相对而言，农民、离退人员等因收入水平和体力限制，出游率较低。

4.4.2 游客组织旅游行为的差异

游客不同的组织形式对其旅游行为也会产生影响。根据园区内游客的组织形式，可以将游客分为团队游客和散客游客，其引导和调控的侧重点不同。

4.4.2.1 团队游客及其行为特征

团队游客是由旅行社组织并安排的,按照既定的旅游线路、活动日程与内容,进行一日或数日旅游的游客。团队游客的人数一般在10人及以上。

(1) 旅行社对团队游客的行为影响

旅行社的职能是招徕和组织游客顺利完成旅游活动,为游客提供诸多不容忽视的业务服务,特别是规划旅游线路、提出注意事项、组织导游、提供旅游信息、协调旅游活动关系、代办各项手续。在这个过程中,旅行社对游客的行为产生了积极的影响,规范了游客的行为,并引导游客游览。比如,关于游客在园区要注意的问题,游客在进入园区之前,旅行社会对游客进行交代和引导。

(2) 团队游客行为特征

团队游客的行为往往受到较多约束,主要体现在:旅游活动按既定路线和内容进行,行程安排大都比较紧凑,灵活性差,而且一般统一行动,在有限的时间里游览园区核心景点和景观,很难全面、深入地了解并观赏园区的全貌。游客行为在群体中相互约束、相互影响,在从众心理、标新立异等心理的驱动下,游客行为也会表现出一些独特之处。这就需要导游人员利用游客心理特点,调控游客行为。团队游客在园区游览过程中也会有自由活动时间,但往往在时间约束等条件的限制下,游览中行色匆匆,自由活动完结后,出现在出口或停车场附近慌乱寻找团队等现象。

4.4.2.2 散客游客及其行为特征

散客是相对团体而言的自行结伴、自助旅游者,他们根据自己的兴趣或爱好,按照自己的意志自行决定旅游线路和内容。散客的数量限制一般是10人以下。散客通常包括个体出游的游客、小团体结伴出游的游客和家庭出游游客等。

(1) 散客行为的弱势

自助式散客一般带有自由式活动倾向,他们往往根据自己的兴趣和爱好,按照自己决定的旅游线路出行,不愿意受到旅游线路的约束和旅游团的制约,虽然事先也经过精心规划和周密安排,但由于经验不够丰富,经常会产生"脱轨"行为。因此,这类游客常常由于"初来乍到,人生地不熟",缺乏经验和认识,更没有导游的引导,可能在一些地方不知所措而盲目行事,甚至做出越轨行为。

(2) 散客行为特征

散客旅游是人们突破传统团队的约束,追求个性化行为的表现,具有决策自主性、内容随机性和活动分散性的特点。我国散客游客以中青年为主,在园区内的活动不确定因素很多,其行为的调控与管理难度相对较大。

4.4.3 园区游客管理的方法

4.4.3.1 服务性管理方法

（1）信息传递

通过游客服务中心信息发布、门票背面印制注意事项、发放宣传材料、利用交通工具上的视听设备、导游宣传讲解等方式把园区的游览规定和注意事项告知游客。

（2）行为示范

园区的员工，特别是直接对游客服务的一线员工，必须养成文明礼貌、爱护环境的习惯，杜绝乱扔乱丢等不文明行为，在工作中起到表率作用，用自己的行为为游客率先垂范。

（3）有效引导

通过园区的标牌系统、提醒文字发挥无声的引导作用，通过园区工作人员特别是导游人员发挥有形的引导作用。

4.4.3.2 强制性管理方法

对各种不文明行为，尤其是对故意破坏行为，制定完备的规章制度，并配备一定数量的管理人员约束游客的不文明行为。如禁止在某些区域或某些时间内从事某些活动，禁止野营、带犬入内、给动物投食、乱扔废弃物，限制停留时间、团队规模等。

4.4.3.3 重点区域的游客管理

（1）排队管理

在旅游旺季或一天当中的接待高峰，在园区入口、热门参观点或乘骑设施常常会出现游客排队的现象。宜通过设置合理的排队队列、利用技术手段（电子门票、预约门票等）、设计良好的排队等候区环境（提供座位和免费茶水、看电视、听音乐）等措施解决排队问题，提高游客对园区的第一印象和休闲体验质量。

（2）游客中心

一般位于园区的入口，是游客服务与管理的重要场所。游客中心管理职责表现在3个方面：一是信息咨询服务；二是提供游客所需要的其他服务，如导游服务、托儿服务、餐饮及零售服务等；三是接受游客投诉。游客中心工作人员应统一着装、佩证上岗，按照服务规范和流程为游客提供标准化与个性化相结合的服务。

4.4.4 园区游客管理技术

4.4.4.1 游客数量、园区容量调控

游客行为呈现的时空特征给园区资源环境、设备设施供给带来压力,潜伏安全隐患。园区可以从供给和需求两个方面进行游客数量调节、园区容量调控。

供给方面:从长远着眼,要解决游客的过量问题。园区可通过投资建设新增设施、改变旅游活动方式等来实现,还可以通过加大园区内冷门景点的开发,引导游客的流向来增大旅游园区实际容量。在园区不增加建设投入的情况下,扩大园区容量的方法包括:延长园区开放时间,或一年中增加开放天数;在旅游高峰期开放备用旅游通道,而在需求减少时关闭备用通道;调整景点工作,增派工作人员到瓶颈旅游点工作;设置免票人员专用通道等。如昆明世界园艺博览园设有免票人员专用通道,避免与其他游客共用通道给工作人员检票带来的不便。

需求方面:可以通过价格杠杆(淡季低门票、旺季高门票)和市场营销(淡季、冷景点多营销,刺激游客消费)两种手段来调节。

4.4.4.2 定量、定点管理

定量管理是通过限制进入时间、停留时间,控制游客人数、日游客接待量,或综合运用几种措施限定游客数量和预停留时间,解决因过度拥挤、践踏及温度和湿度变化引起的旅游资源损耗。如果园区内有生态敏感性区域,要实行定量管理。

定点管理是指特别聘用保安及专门服务人员或安排志愿者在资源易损耗的地方值勤,即重点区域、重点地段要实行重点管理。

4.4.4.3 游线管理

为了保证游客得到最好的旅游体验,在设计游览路线时应降低游览成本,提高体验的丰富程度与质量。降低游览成本,主要应缩减不能给游客带来太多体验的景点间转移的距离;提高体验的丰富程度与质量,主要应考虑增加游览路线上景观的差异性。

4.4.4.4 安全管理

游客的安全问题主要表现为犯罪活动、火灾与爆炸、游乐设施安全、旅游活动安全、疾病(或中毒)和其他意外事故等。安全管理的措施主要有:首先,园区管理者应通过各种手段来提高游客的安全意识,如在危险地段设立警示牌、工作人员当面提醒游客、劝止可能带来安全问题的行为等。其次,园区要制定完善的安全问题预防机制,包括对游乐设施和其他旅游服务设施定期检查、制作游客安全手册等。最后,一旦发生游客安全事故,事故的处理就显得尤为重要。因此,园区还要建立一套事故处理程序和紧急救援程序,可按照这些程序快速开展科学

的救援工作和善后处理工作。另外，园区还要设立急救中心，培训一支训练有素的救援队伍。救援人员要掌握包括疾病救护、失踪寻找、水生救护、火灾抢险、突发事件应急救护等各项技能。

资料卡

中国公民国内旅游文明行为公约

1. 维护环境卫生。不随地吐痰和口香糖，不乱扔废弃物，不在禁烟场所吸烟。
2. 遵守公共秩序。不喧哗吵闹，排队遵守秩序，不并行挡道，不在公众场所高声交谈。
3. 保护生态环境。不踩踏绿地，不摘折花木和果实，不追捉、投打、乱喂动物。
4. 保护文物古迹。不在文物古迹上涂刻，不攀爬触摸文物，拍照、摄像遵守规定。
5. 爱惜公共设施。不污损客房用品，不损坏公用设施，不贪占小便宜，节约用水、用电，用餐不浪费。
6. 尊重别人权利。不强行和外宾合影，不对着别人打喷嚏，不长期占用公共设施，尊重服务人员的劳动，尊重各民族宗教习俗。
7. 讲究以礼待人。衣着整洁得体，不在公共场所袒胸赤膊；礼让老幼病残，礼让女士；不讲粗话。
8. 提倡健康娱乐。抵制封建迷信活动，拒绝黄、赌、毒。

美国1995年制定的生态旅游者应该遵守的十条"道德标准"

1. 了解当地的地理概况、居民习惯、风俗和文化。
2. 尊重地理环境的生态脆弱性。
3. 只留下脚印和照片。
4. 尊重别人的隐私和尊严。
5. 不买用濒危动植物制成的产品。
6. 走设计的路线，不打扰动物栖息地，不破坏动植物。
7. 了解并支持环境保护设计者和组织。
8. 尽量徒步和使用对环境无害的交通工具。
9. 支持节约能源的环保企业。
10. 遵守环境保护规范，约束在特殊景点和生态系统的旅游行为。

4.5 休闲观光农业园服务管理

园区的服务管理具有很高的综合性，涵盖了吃、住、行、游、购、娱等方方面面。服务管理是园区管理的核心内容之一，直接关系到园区的经济效益甚至园区的生存和发展，也关系到游客合法权利的维护。由于休闲观光农业园多位于城郊或农村，许多基础设施和服务质量常达不到游客的需求。人们形象地称之为"一流的生态环境、二流的旅游资源、三流的交通条件、四流的食宿设施和商品购物、五流的接待服务"，抱怨甚多。要加快园区的发展，不仅需要加强"硬件"设施的建设，更需要不断提升"软件"服务的质量。要加强园区服务质量管理，就必须建立和完善园区服务质量管理体系，及时对其组织实施和评价，持续改进服务工作，提高服务质量，增强游客满意度。

休闲观光农业园由于所规划建设的项目各不相同，在服务组合上也会形成自己的风格和特点，不会千篇一律。总体上而言，一般园区都会提供生活服务(住宿、餐饮、购物等)、旅游入门接待服务(售票、检票、咨询、集散等)、导游服务、旅游活动服务等。本节将从餐饮、住宿、解说及游客投诉等基本服务角度阐述如何进行有效的管理。

4.5.1 园区餐饮服务管理

餐饮是休闲观光农业园主要的经营项目，餐饮收入是园区获利的重要渠道之一。所谓餐饮服务管理，是指在保证游客满意及企业经营营利的目标下，为游客提供餐饮服务的计划、执行、考核的过程。餐饮服务质量的优劣直接影响游客的满意度，因此园区要非常重视餐饮服务的管理(图4-16)。

图 4-16　厨房管理

休闲观光农业园的餐饮服务应以提供乡土口味的菜肴为主，要具有地方特色。一般大中型园区都设有餐饮部，管理下属餐厅、快餐服务、酒吧、茶楼或烧烤营地等部门。其管理方法各不相同，有的是园区自设，有的是与外来单位联营，有的是出租房屋设施。管理工作以自设和联营为主。大中型园区客源波动性强，节假日、周末、大型娱乐活动期间客人多，其他时间客人少，有的部门甚至是季节性营业。因此，园区餐饮管理的重点在游客用餐高峰期。在这个时间段，要保证餐饮设施、服务人力和饮食材料与接待量基本相符，服务上要卫生、安全、快速、准确。

4.5.1.1 餐饮服务的特征与挑战

①看不着　服务的无形性。
②留不住　为时间、场景的综合。
③带不走　生产、消费、销售同一时段进行。
④变化多　因制作者、服务员、客人的个体差异，制约因素众多。
⑤进入易，提升难　技术含量高低的幅度大，特色经营难。

4.5.1.2 餐饮的作业管理

（1）餐饮作业流程
每一道菜送到客人桌前均需经过以下过程。
①采购、验收　建立完善的食品原料采购索证及验收制度，具备产品检验合格证或化验单。
②储放　设有独立的食物原料专库，主、副材料分区存放，有机械通风设施，食物原料不得与有毒有害物品同库存放。
③加工准备　加工包括粗加工和烹调。粗加工间要分设肉类原料、水产品和蔬菜原料洗涤间或洗涤池，并有明显标志；加工肉类、水产品的操作台、用具和容器与蔬菜的要分开使用，并有明显标志；烹调间使用隔墙烧火炉灶或油气炉，安装有排气罩，排烟、排气良好；凉菜间设二次更衣及洗手、消毒设施，配备有空调、食品冷藏设施，配备专用工具及其清洗、消毒设施。
④菜肴成品　经过加工，菜肴成品，即可为顾客提供就餐服务。

（2）餐饮作业标准化
配方标准化；烹饪程序标准化；建立标准采购规格；建立标准分量。

4.5.1.3 餐饮经营成功的因素

①卫生安全　厨房干净卫生，原料清洁；就餐环境、就餐器皿干净卫生；厨师、服务人员干净卫生。
②建立持久性竞争力　建立独家口味、独特氛围；建立特有的餐饮服务系统；

持续改进菜肴口味，并且不断推出新菜品。

③稳定老客源，开发新客源　重视口碑效应，培养回头客；重视促销策划，做好回头客服务。

④降低餐饮成本，提高利润　做好餐饮成本分析；寻找降低餐饮成本的方法；创造提升餐饮利润的方法。

案例分析

某休闲度假山庄的花园餐厅正在开晚餐，来用餐的客人很多。一位实习生服务员将客人点的鲫鱼错端到了另一桌上去，正当这桌客人津津有味地品尝着鲜美的鲫鱼时，真正点鲫鱼的另一桌客人正在为鲫鱼迟迟未上而催促服务员。

两桌的客人都是山庄里的老主顾，这下怎么办呢？服务员应该如何处理？如果顾客提出异议，该如何回答为好？

4.5.2　园区住宿服务管理

所谓住宿管理，是在保证游客满意与经营盈利的目标前提下，为游客提供住宿服务的计划、执行、考核的过程。一般大中型园区建设有酒店、宾馆等设施，利用园区特有的优美环境、地道的乡土文化和温馨的风土人情，为游客提供住宿、餐饮、康乐等服务。有的园区会别出心裁，建有乡村特色的住宿设施（如小木屋、竹楼、三合院等），虽然体量不大，但外观内饰乡村特色鲜明，对游客具有很强的吸引力。园区周边也常常有农民开办的农家乐，是农民依托园区的客源，利用自己闲置的房间，经过改造或改建形成的家庭旅馆（也称为民宿），主要为游客提供住宿、餐饮和休闲服务。因大型酒店的经营管理内容繁多，而且现代饭店的经营管理体系非常成熟，如果园区内有此类设施建筑，可以参考酒店管理相关书籍。此处仅对民宿服务管理进行讲解。

4.5.2.1　民宿经营的特点

①供给弹性小　投资大，固定资产投资高；有淡、旺季之分，且受天气影响；房间数固定且量少；地点受限制，建筑物完工后无法移动。

②具有家庭功能　居住在农场或民宿，主要是有家的温馨感觉和主人浓厚纯朴的人情味，虽然房屋并不金碧辉煌，但优雅舒适。吃的是由主人亲手栽种、烹调的别具风味的乡村野菜，游客与主人一家可以同桌用餐，一起谈天说地，虽然没有饭店完善设施的方便和舒适，但这就是现代社会都市人群梦寐以求的"家"的味道。

③经营时间具有全天性　民宿的经营者不像酒店的服务员实行上班制，而是

全天性经营。

4.5.2.2 民宿经营管理规划

(1) 确定经营目的及动机

确定是副业经营或是主业经营，季节性经营或全年经营，独自经营或组织经营。

(2) 市场环境调查

一是顾客调查(如性别、职业、收入、消费动机和消费习惯、团体或散客等的调查)。

二是同行业调查(如附近的竞争者数量、经营特色、经济效益等的调查)。

(3) 决定经营策略

一是决定规模。

二是决定营业策略，包括营业天数、时段、客房产品特色及宣传促销策略。

三是决定经营形态，是提供通俗化、简易服务、价格实惠的产品，还是高格调、高消费的产品。

四是决定服务方式，是提供标准化的服务，还是个性化、具有主人魅力的服务。

(4) 选择营业场所

一是合法性。

二是依托资源或客源。

三是区位未来发展的潜力。

(5) 资金筹措

①自有资金　即个人所拥有的可变现资产。

②银行借款　即向银行提出融资计划。

③合资经营　即联合其他人员共同投资，风险和利益共担。

④综合融资　即在投入自有资金的前提下，既向银行贷款，同时联合他人合资经营。

(6) 收支计划

须考虑基本的经营收支平衡：每天营业额、投资回报率、各项费用支出等。

4.5.2.3 民宿经营成功的关键要素

一是干净、卫生、安全的居住环境。

二是亲切温馨、诚恳朴实的服务态度。

三是健全的促销策略。

四是专业有效的经营管理。

五是融合农村资源，充分展现特色。

4.5.3　园区解说服务管理

解说服务管理是休闲观光农业最基本的管理事项之一。解说除了可以为游客提供园区基本的信息和向导服务外，还能通过解说自然和生态资源，增强体验项目的教育功能，强化游客对活动项目的感受。成功的解说系统能提高游客的满意度和忠诚度，加深游客的印象，而且还能成为园区促销的一种有效手段。

4.5.3.1　解说方式

解说服务系统包括人员解说与物化解说两种方式。

（1）人员解说

人员解说是园区解说员、导游人员向游客进行主动的、动态的信息传递为主的解说形式。包括咨询服务、导游解说、定点解说和现场表演4种方式。其最大特点是双向沟通，能够回答游客提出的各种各样的问题，可以因人而异提供个性化服务。导游或讲解员一般掌握了较多的专业知识，信息量较大，但可靠性和准确性不确定，由人员的素质决定。不同的园区应该根据园区所在地的地域文化、民俗文化的主要服务产品、园区景点的分布和游览时间等，探索不同的人员解说方式和游客组织形式，最终目标是有利于园区资源环境的保护和游客最佳体验的获取。

（2）物化解说

物化解说是由书面材料、标准公共信息图形符号、语音导游等无生命的设施设备向游客提供静态的、被动的信息服务。其形式多样，包括标牌、解说手册、导游图、语音、录像、幻灯片等，其中标牌是最主要的表达方式，导游图册也非常流行。

不同的园区要根据其性质、特点，提供多样化的解说方式供游客选择，在不同的情况下，侧重选用不同的物化导游方式。标牌、园区示意图、路标系统起到解说和引路的作用，是任何园区必不可少的（图4-17）。导游图册、门票上的园区

图 4-17　沙县马岩标识系统

示意图、语音导游等比较适合供散客选择,而录像、幻灯等比较适合在游客中心、前往园区的交通工具、游客停留地点和游客事前教育中使用。

4.5.3.2 解说原则及要领

一是了解游客个人的经历及个性,掌握游客的第一兴趣。
二是要站在游客的立场,融入游客当中,从游客的观点看待事物。
三是要以资料为基础,坚持科学准确,忌胡编乱造。
四是将解说视为一种艺术表演或技能展示。
五是用启发式、体验式解说代替传统的教导或背诵材料。
六是要顾及整体性。
七是要注意礼貌、礼节,妥当使用语气、词句、人称及肢体语言。
八是对特殊的游客对象,要用特殊的解说设计、语言、语气及表达方法。

4.5.4 园区游客投诉管理

4.5.4.1 游客投诉心理分析

无论是何种原因导致游客投诉,首先应该做的是了解他们的投诉心理,并对其进行深入的分析。一般情况下,游客投诉时的心理主要包括以下几个方面。

(1) 求尊重的投诉心理

求尊重是人的正常心理需要,这种心理在整个游览过程中都存在。游客受到服务不周时就可能去投诉,其目的就是找回尊严。他们总认为自己的意见是正确的,要求别人尊重他们的意见,向他们表示歉意,希望受到有关部门应有的重视,并采取相应的处理措施。

(2) 求发泄的投诉心理

游客在遇到使其烦恼的事情或有不满时,心中充满了怨气、怒火,借故向服务人员发泄不满而引起投诉,利用投诉求发泄,以维持心理平衡。不管是否是由于游客自身的原因产生的,服务员都应保持冷静,即使是游客蛮不讲理,也要尽量理解游客,不能因此对服务打折扣,而应用更好的服务来平息游客的怨气。

(3) 求补偿的投诉心理

当人们寻求满足而又受种种条件的限制无法得到满足时,"求满足"就会变成"求补偿",这是现实生活中普遍存在的现象。当园区服务不能满足游客的需求时,游客的预期目标不能实现,就会对园区进行投诉。对这种心理要慎重处理,伺机让其得到心灵上甚至是物质上的补偿,以换取游客的美好印象,变坏事为好事。

(4) 求平衡的投诉心理

可以说,旅游活动是对紧张工作和复杂生活的一种放松和释放,一方面要通过园区游览来放松，以纾解日常生活和工作中的压力；另一方面，要在园区服务过程中得到必要的心理平衡，借此获得社会的尊重，并体现自我的人格尊严或体现自己的社会地位。因而，游客会去寻找一个"平衡点"，借以平衡自己的精神生活与物质生活。而当园区服务不能一视同仁，以财取人、以貌取人、优亲厚友、拉关系，甚至对客人的服饰、打扮评头品足，游客消费与园区体验有不公平时，就可能产生投诉，以求得心理上的平衡。

4.5.4.2 正确认识游客的投诉

首先，作为经营者应当看到，从处理投诉过程中获得的信息，能够有效地促进改进服务质量。游客投诉，说明工作存在不足，需要加以改进。游客能够公开提出来，能促使园区提供更好的服务，而不应当认为游客是"鸡蛋里面挑骨头"，或者是故意找碴。不可否认，有些游客确实存在这种动机，但经营方也不能不加区分一概而论，把游客投诉统统归为"故意找碴"，显然也是对顾客投诉的一种误解。通过投诉，经营者可以及时发现自己发现不了的工作漏洞，及时堵塞漏洞、对症下药，解决可能是长期以来一直存在着的严重影响园区声誉的工作质量问题。这样能够保持和提高游客对产品的信任和支持，并增强竞争力。

其次，游客的投诉是维护其合法权益的行为。造成游客投诉的重要原因是游客自身的利益受到损失，如服务态度恶劣，使游客的自尊心受到伤害，菜品的质量问题使游客感到其消费物非所值，设备问题使顾客没有得到应得的舒适感等，顾客认为在此消费不值，所以要讨回其应该得到的东西。

再次，不能视投诉处理为利润流失。要把投诉处理得让游客满意，往往需要花费一定的时间、精力，甚至是财物，因此一些经营者认为处理投诉只会带来成本增加，不会创造利润。一些经营者之所以不愿认真对待和处理顾客投诉，其根本原因也在于此。然而，事实上，投诉处理虽然给经营者带来了一定的成本，但是若处理得当，为园区挽回了声誉，培养了游客的忠诚度等，也可以带来更多的收入，包括游客的再次消费、避免因老顾客的流失而不得不加大招徕新顾客所需的广告营销费用、避免因口碑下降而使潜在游客流失等。因此，把投诉处理视为一种利润流失，显然是没有考虑投诉不处理的机会成本，是一种缺乏长远眼光的短视行为。

最后，如果投诉得到了有效的处理，就能提升休闲观光农业园的声誉，在游客心目中树立良好的形象，赢得好的口碑。

4.5.4.3 游客投诉的内容

客人投诉往往是因为经营方在提供服务与产品过程中存在过失或者经营方与客人之间存在误解、不可抗拒力或某些客人的别有用心等因素而造成的。根据投诉内容的不同，游客投诉可分为以下几种情况。

(1) 对工作人员服务态度的投诉

以服务态度欠佳作为投诉内容，具体表现有：服务员待客不主动，给客人以被冷落、被怠慢的感受；服务员待客不热情，表情生硬、呆滞甚至冷淡，言语不亲切；服务员缺乏修养，动作、语言粗俗无礼，挖苦、嘲笑、辱骂客人；服务员在大庭广众态度咄咄逼人，使客人感到难堪；服务员无根据地怀疑客人行为不轨。

(2) 对某项服务效率低下的投诉

如餐厅上菜、结账速度太慢；入住登记手续烦琐，客人等候时间太长；服务员忘记叫醒等。

(3) 对设施设备的投诉

因设施设备使用不正常、不配套或服务项目不完善而让客人感觉不便，也是客人投诉的主要内容。如客房空调控制失灵、马桶漏水、浴室热水供应不足等。

(4) 对服务方法欠妥的投诉

因服务方法欠妥，而对客人造成伤害，或使客人蒙受损失。如客人延期住宿，总台催交房费时客人理解为服务员暗指他意在逃账；因与客人意外碰撞而烫伤客人等。

(5) 对违约行为的投诉

当客人发现园区经营方曾经做出的承诺未能兑现，如经营方未给予承诺过的优惠；或货不对版时，会产生被欺骗、被愚弄、不公平的愤怒心情。

(6) 对商品质量的投诉

例如，客房有异味，寝具、食具、食品不卫生，食品未熟、变质，酒水为假冒伪劣品等，均可能引起投诉。

(7) 其他

如损坏客人物品；服务员不熟悉业务，不能回答客人的询问；客人对价格有争议；客人对住宿的期望要求较高，一旦现实与期望相差太远，会产生失望感或者被欺骗感；对宣传广告内容的理解与现实的消费体验有分歧等。

4.5.4.4　处理投诉的原则

(1) 坚持"宾客至上"的服务宗旨

对客人投诉持欢迎态度，不与客人争吵，不为自己辩护。如果客人投诉的原因与服务质量有关，受理投诉的管理人员要真诚地听取客人的意见，表现出愿为客人排忧解难的诚意，对失望痛心者好言安慰，对脾气火暴者豁达礼让、理解为怀，争取完满解决问题。

(2) 处理投诉要注意兼顾客人和经营者双方的利益

在处理投诉时，身兼两种角色：一方面，是园区经营方的代表，代表经营方受理投诉，因此必须考虑经营方的利益；另一方面，只要受理了客人的投诉，也就同时成为客人的代表，代表客人去调查事件的真相，要给客人以合理的解释，为客人追讨损失赔偿。客人直接向经营方投诉，这种行为反映了客人相信经营方面能公正妥善解决当前问题。为回报客人的信任，经营方必须以不偏不倚的态度，公正地处理投诉。

4.5.4.5 处理游客投诉的步骤

①被投诉的当事人要马上离开现场，不允许与游客争论不休，由经理或有权处理问题的管理人员出面解决，以示对游客投诉的重视。

②要详细了解游客投诉的缘由，认真听取游客的述说，使游客看到经营者十分重视其提出的问题。

③在了解游客投诉的缘由时，要向游客表示诚恳的歉意。在听游客诉说时，要目视游客，绝不可以东张西望或心不在焉。

④在弄清游客投诉的事情后，要立即实施补救措施，并视情况给予游客补偿。拖延不解决只会引起游客进一步的不满，产生受欺骗的感觉。此时，时间和效率是对游客最大的尊重。措施实施后，要尽快再次征求游客的意见，询问游客对处理措施的满意程度。

⑤要感谢游客的批评指正。游客不论是基于何种心理投诉，客观上都是在帮助经营者改正缺点、改进工作，为此要向游客表示谢意。

4.5.4.6 几类常见投诉的处理要领

服务员应将客人抱怨的问题采取分类的方式来归纳解决，并学习较为专业的处理问题技巧。有下列几类常见情况：

(1) 菜色与质量

此类问题多半集中在高峰时段客满或人手不足的情况下出现，尤其以中餐厅发生的频率较高。主要是由于中餐较难以达到安全产品菜色的标准化，厨师的手艺及对产品的调配、制程、分量也很难达到均一的程度。解决要领：解释、更换、增补。

(2) 金钱与差额

这主要是与人为的疏忽有关。解决要领：检查、补退、记录。

(3) 食物中有异物

如果是一般性的异常食物，应立即更换服务员，以示对客人用餐的负责，尽量减少客人抱怨和投诉；如果是其他不明异物，则无论异物来自何处，如果不清楚异物是否影响客人的安全，必须妥善保存剩余产品的完整性，并立刻送检。在事件未获得澄清之前，应以安抚为重点，不要擅自下结论。确定责任后，尽快取得客人的相关资料，向上呈报。解决要领：了解、更换、取证、送检。

(4) 设施与安全

餐厅里地面不平、楼梯易滑、卫生间马桶故障、灯具故障等，都可能导致客人使用的不便，甚至影响老年人或儿童的安全，可能招致客人抱怨甚至投诉。服务员应敦促相关部门尽快换修，并设法增设老弱残障者的相关附属设施。解决要领：道歉、换修、记录。

(5) 清洁与服务

引起此类问题的主要原因是服务员没有贯彻执行相关的服务准则。因此，服务员应力求从自身做起，完善服务技能，提高服务水平，对客人所批评的项目要立刻改善。解决要领：训练、检测、考核。

(6) 座位与时效

这类问题最易发生于客流量大的时段。经营方如果不能及时为客人提供座位和餐点，也容易招致客人的抱怨。可以通过提高座位的周转率、调解座位与空间的安排、提高餐点供应速度等解决。解决要领：合理规划。

4.6 休闲观光农业园设施设备管理

园区的设施设备是指构成园区固定资产的各种有形物品。不同类型的园区设施设备的数量、类型有较大的差异。如休闲农场的生产区和服务区，其设施设备类型、数量和分布密度可能差异较大。设施设备是园区提供旅游服务、进行经营活动的生产资料，是园区提供休闲旅游产品和服务的物质基础和重要依托。休闲观光农业园设施设备管理的工作包括规划管理、配置管理和维护管理。设施设备规划管理工作是在园区资源种类、数量及分布的调查基础上，根据调查结果预测未来园区的发展情况，规划各阶段的设施设备需求。设施设备配置管理(前期管理)工作是根据设施设备规划管理工作的结果，以及现阶段开发所需的设施设备数量、设施设备组合及估算各设施设备使用情况等因素，对各项设施设备进行实际配置，以使园区各项设施设备发挥最大的价值。园区设施设备维护管理(服务期管理)工作是设施设备投入服务后所做的维护和保养工作。

4.6.1 园区设施设备的分类管理

园区设施设备类型多样，根据其用途，可分为基础设施设备、服务设施设备、娱乐游憩设施设备、农业生产设施设备四大类。根据性质和功能，还可划分为不同的亚类，见表4-2所列。

表 4-2　园区设施设备分类

类　别	内　　容
基础设施设备	道路交通(车行道、停车场、游步道)、电力通信、给排水、绿化环卫等设施设备
服务设施设备	接待服务设施设备：餐饮、食宿、商业服务等设施设备； 导游服务设施设备：各种引导标识、解说设施设备等
娱乐游憩设施设备	附属于接待服务的设施设备：歌舞厅、会议室、健身房、瑜伽馆、水疗馆、保龄球馆、茶室、棋牌室、游泳池等娱乐康体设施设备； 散布于体验区内的设施设备：CS 野战设施设备、漂流设施设备、溜索、竹筏、垂钓场、游艇、游船、水族馆、蹦极、滑道、营地、缆车、过山车、美术馆、展示馆、纪念馆等
农业生产设施设备	主要位于农业生产区的设施设备：高科技温室、灌溉系统设施设备、农业生物环境自动监测与计算机控制设施设备、农耕用具、养殖设施设备等

4.6.2　园区设施设备的分期管理

园区的设施设备管理按时间序列分为前期管理、服务期管理和更新改造 3 个阶段。

4.6.2.1　前期管理

园区设施设备的前期管理包括调查研究、项目规划、购买安装和调试 3 个部分。做好设施的前期管理工作，可以为今后设施设备的运行、维护、维修、更新等管理工作奠定良好的基础。

4.6.2.2　服务期管理

园区从开始接待游客起，其设施设备就投入了服务，服务期的设施设备管理主要工作是日常维护、保养及修理。

服务期管理的基本要求：第一，合理安排设施设备的负荷率，如游艇、缆车的载客量等，应严格按各种设施设备的技术性能和负荷限度来安排运营，超负荷运转不但会损坏设施设备，而且会留下安全隐患。第二，设施设备的操作，要配备专职的操作和管理人员。第三，建立健全使用、维护、保养规章制度。第四，为设施设备的运行提供良好的工作环境和条件，延长使用寿命。

4.6.2.3　更新改造

随着科学技术的进步和旅游需求的不断变化，园区设施设备要不断进行更新改造。更新是指用经济效果好、技术先进、可靠的新设施设备替换原来经济效果差、技术落后的老设施设备。改造是指通过采用先进的技术对现有落后的设施设备进行改造，使其提高节能效果，改善安全和环保特性。

4.7 休闲观光农业园环境管理

4.7.1 园区卫生管理

4.7.1.1 卫生管理的内容

园区卫生管理工作涉及旅游体验的各个环节,体现在接待服务过程的始终。可以分为静态卫生管理(即游览环节、设施设备和用品卫生管理)和动态卫生管理(即工作人员卫生管理)两大类,其具体内容包括:

游览卫生管理:主要包括游客乘坐的交通工具、游步道、农业体验区、传统景点等的卫生管理。

公共卫生管理:主要包括园区的大门、游客中心、卫生间、厅堂、商场等各种服务场所周围环境的卫生管理。

住宿卫生管理:主要指提供住宿服务的园区,以为客人提供清洁、舒适的住宿条件为重点,具体内容包括客房卫生、卫生间卫生、客用的各种消耗用品卫生等的管理。

食品卫生管理:以《中华人民共和国食品卫生法》为中心,以预防食物中毒和疾病传染为重点。具体内容包括食品原材料采购、储藏、加工制作,以及产品销售、食品化验、消毒等各个环节的卫生管理。

员工个人卫生管理:主要是指园区一线从业人员(包括售票员、导游、服务员、种养员、保安及各级管理人员)的身体健康状况、仪容、仪表、着装及个人卫生等各个方面的卫生管理。

4.7.1.2 卫生管理的基本要求

领导重视,网络管理;分组归口,责任到人;分门别类,制定标准;严格制度,奖勤罚懒;游客监督,加强管理;加强培训,提高素质。

4.7.2 园区景观绿化管理

4.7.2.1 园区景观绿化的基本原则

园区的景观绿化不同于城市园林绿化,更不同于林业造林,是以多种类型的风景林为园区景观绿化的基本形式,使其生物学特性、艺术性和功能性相结合。园区景观绿化的基本原则有:

①遵循"因地制宜、适地适树"的科学原则,以恢复地带性植被类型为目的,采用多树种、多林种、乔灌草相结合的方法。

②园区绿化要力争有不同的植物景观特色,使植物景观与人文、大自然景观

相协调。

③在确保环境效益、不影响景观效果的前提下，应考虑结合农业生产，大力营造经济与观赏相结合的经济风景林，为经济发展和旅游服务。

④园区的游览体验区、交通道路、目光可及的山坡是绿化的重点区域。

4.7.2.2 园区的观赏植物配置

植物配置是园区绿化体系的部分，也是园区建设的重要内容，起着平衡生态和改善环境质量的作用。根据观赏植物的习性，通常将观赏植物分为观赏树木、草本花卉、草坪与地被植物3类。植物的配置方式有孤植、对植、列植、丛植和群植等几种。下面介绍常见的观赏植物种类：

(1) 观花植物

花为植物最重要的观赏特性。暖温带及亚热带的树种，多集中于春季开花。因此，夏、秋、冬季及四季开花的树种极为珍贵。如合欢、栾树、木槿、紫薇、凌霄、美国凌霄、夹竹桃、石榴、栀子、广玉兰、醉鱼草、糯米条、海州常山、红花羊蹄甲、扶桑、蜡梅、梅、金缕梅、云南山茶、冬樱花、月季等。一些花形奇特的种类也很吸引人，如鹤望兰、兜兰、飘带兰、旅人蕉等。人们赏花时喜闻花香，所以木香、月季、菊花、桂花、梅、白兰花、含笑、夜香木兰、米兰、九里香、木本夜来香、暴马丁香、茉莉花、鹰爪花、柑橘类备受欢迎。不同花色组成的绚丽色块、色斑、色带及图案在配置中极为重要，有色有香则更是佳品。根据上述特点，在景观绿化设计时，可配置成色彩园、芳香园、季节园等。

(2) 观叶植物

很多植物的叶片富于特色。例如：桄榔树的叶片巨大，可长达6m，宽4m，直上云霄，非常壮观，其他如董棕、鱼尾葵、巴西棕、高山蒲葵、油棕等都具巨叶；浮在水面的巨大王莲叶犹如一个大圆盘，可承载幼童，吸引众多游客；羊蹄甲、马褂木、蜂腰洒金榕、旅人蕉、含羞草等的叶片奇特；彩叶树种与品种更是不计其数，如紫叶李、红叶桃、紫叶小檗、变叶榕、红桑、红背桂、金叶桧、浓红朱蕉、菲白竹、红枫、新疆杨、银白杨等。

(3) 观果植物

植物的果实也极富观赏价值，若是经济植物，更具有采摘体验价值。果实奇特的如像耳豆、眼睛豆、秤锤树、腊肠树、神秘果等。果实巨大的如木菠萝、柚、番木瓜等。此外，还有很多植物的果实色彩鲜艳，如紫珠、葡萄等的果实紫色，天目琼花、平枝栒子、小果冬青、南天竹等的果实红色，白檀、十大功劳等的果实蓝色，金粟兰、红瑞木、玉果南天竹、雪里果等的果实白色。

4.7.3　园区环境保护管理

环境保护管理是休闲观光农业园区实现可持续发展、永续经营的重要保障。园区环境保护管理具体包括以下几个方面。

4.7.3.1　水体环境管理

园区内水上项目的开展、旅游船舶的油污、垃圾会不同程度造成水体污染，园区内餐厅、宾馆、休闲中心等排放的污水和垃圾也是污染源，这些生产生活用水没有经过处理或仅经过初级处理就排放到水环境中，会把病原体带入水中，同时污水排放使水体的富氧化加速。如果是以湖泊、水库、池塘等水体为基础的园区，受到的影响更为突出。

水污染可采用人工处理和自然净化相结合、无害化处理与综合利用相结合的办法治理。在环境整治方面，要完善园区排水处理厂或氧化塘，对园区生活污水、废水集中处理。

4.7.3.2　大气环境管理

随着大量机动车辆的涌入和旅游设施的兴建，燃煤锅炉、汽车尾气等使空气中的 SO_2 等有害气体增加，降低了园区大气质量。因此，园区应考虑如何最大限度地减少外界活动对园区空气的影响。比如，在园区的入口处，游客可以换乘绿色电瓶车等特色环保交通工具，燃油车一律禁止进入园区。

4.7.3.3　固体废弃物处理

园区内的固体废弃物多为餐厅、宾馆等产生的垃圾及建筑垃圾等，要进一步完善、改进垃圾的收集、运输和处理体系，加强对危险废物的收集和管理。各类废弃物应定期集中运送到专业垃圾处理场加以处理或委托环卫部门、有资质的固废处理中心处理，杜绝就地堆放和深埋。园区内要多设置垃圾箱，方便游人丢弃垃圾。

4.7.3.4　噪声管理

噪声管理主要为加强对交通噪声、生活噪声和娱乐噪声的管理。交通噪声主要来源于摩托车、拖拉机和行驶在园区道路上的汽车等交通工具，且交通噪声是一种不稳定的噪声，噪声级随时间而变化。园区内的噪声会对游客的心理产生极大的影响，直接关系到旅游体验的满意度。因此，对噪声的控制是必要的。宜采取以下措施：

首先，所有机动车禁止在园区内鸣笛；其次，在园区内游览尽量使用电瓶车等环保运输工具，禁止拖拉机等污染大的设备进入园区；最后，人为地设置隔声设施设备，在园区外围建立 30~50m 宽的防护林带，以减少外界噪声对园区环境的影响。

4.7.3.5 动植物保护管理

植物常受到人为机械损伤、践踏等干扰，会导致植被覆盖率降低，群落的种类组成改变并且趋于简单化，生物多样性降低。土地利用以及人的活动会使野生动物的生境不断缩小和破碎化。因此，对于以生态环境为基础的园区，要注意保护园区内的生态敏感区，在动植物的繁殖季节，考虑关闭邻近动物栖息地的旅游区。同时要引导游客树立生态意识，设立环境解说标志，提醒游客不要随意践踏、采摘植物，避免惊扰动物，不能闯入未经许可的生态敏感区，避免发生火灾。估算生态环境容量，在高峰期控制游客数量，并以各种方式解决环境超载的问题等。

4.7.3.6 承载力管理

承载力是指某一特定空间或区域内的接纳、包容能力，在旅游学上往往简单地将其定义为某旅游区所能接纳的最大游客量。

承载力的确定不仅要考虑自然、经济和社会文化等各方面因素，还要考虑交通、服务接待等设施的可接受标准和程度，因此在估算承载力时，既要充分保证游客的体验满意度，又要创造最佳的经济效益、维持生态环境、促进社区社会文化的发展，要在其积极影响与消极后果之间进行合理的平衡。表4-3所列为世界贸易组织（WTO）的一些娱乐活动的承载力标准，以每公顷接纳游客人数为计量单位。

表4-3 旅游活动基本空间标准（WTO）

娱乐活动类型（场所）		每公顷接纳游客人数（人）
森林公园		15
郊区自然公用地		15~17
高密度野餐地		300~600
低密度野餐地		60~200
体育比赛		100~200
高尔夫球场		10~15
滑雪		100
水上活动	垂钓、帆船	5~30
	速度划船	5~10
	划水	5~15
自然追踪[人/（天·km）]	徒步旅行	40
	骑马	25~80

资料来源：《旅游开发规划及景点园区管理实务全书》，2000。

4.8 休闲观光农业园安全管理

"没有安全就没有旅游",安全事故不仅给游客带来伤害,还会给休闲观光农业园带来巨大损失,甚至破坏园区形象,造成致命打击。因此,园区为了确保旅游安全,让游客游得放心、舒心,就要消除导致各种安全问题发生的潜在因素,切实做好园区安全管理工作。

4.8.1 园区旅游安全问题

4.8.1.1 园区旅游安全相关概念

(1)旅游安全

广义的旅游安全是指旅游活动中的一切安全现象的总称,既包括旅游活动中一切各相关主体的安全现象,也包括人类活动中与旅游现象相关的安全事态和社会现象中与旅游活动相关的安全现象。狭义的旅游安全指旅游活动中各相关主体的一切安全现象的总称,既包括旅游活动各环节中的安全现象,也包括旅游活动中涉及的人、设备、环境等相关主体的安全现象,如旅游活动中安全的观念、安全的防控保障等。

(2)园区旅游安全

园区旅游安全是指发生在园区区域范围内或在园区责任控制范围内一切安全现象的总称。按照范围的不同,也可分为广义的园区旅游安全和狭义的园区旅游安全。从旅游活动的环节和旅游活动特点看,园区旅游安全分为饮食安全、住宿安全、交通安全、游览安全、购物安全和娱乐安全六大类。从旅游学研究对象看,园区旅游安全可分为旅游主体安全、旅游媒体安全和旅游客体安全。旅游主体安全即游客安全;旅游媒体安全集中表现为交通安全和旅游从业者安全;旅游客体安全即旅游资源的安全,涉及资源的保护、环境容量和可持续发展等方面的问题。

(3)园区旅游安全管理

园区旅游安全管理是指为了达到安全的目的,有意识、有计划地针对园区旅游活动中的各种安全现象进行危险源辨识,制定安全管理方针和管理措施,收集、应用法律法规和各种安全管理政策,进行安全教育、开展防范与控制活动并构建运作安全保障体系的各种行为的总称。园区安全管理活动既包括安全教育活动的策划,安全管理方针政策、法规条例等的制定和实施,也包括对园区安全活动的控制和反馈。园区旅游安全管理工作必须坚持"安全第一,预防为主""统一领导、分级管理""上下协作、部门协调""有法必依、执法必严、违法必究"等原则。

4.8.1.2 园区旅游安全特征

(1) 突发性

在休闲观光农业园的旅游过程中，各种安全问题的发生往往带有突发性，如食物中毒、住宿场所发生火灾、游览过程中的交通事故、自然灾害等。例如，2019年5月14日，浙江安吉的中南百草园突发观光小火车侧翻事故，致1人(导游)死亡，15位游客受伤，后查明事故主要原因是司机在转弯的过程中，因车速太快导致小火车失控发生侧翻。

(2) 广泛性

休闲观光农业园尤其是大型的园区常集观赏、娱乐、休闲、度假、学习参与等活动于一体，涉及面广，内容复杂，几乎所有环节都存在安全隐患。同时，由于游客类型复杂，他们对游览环境、人和事物均较陌生，从而潜伏着各种安全隐患。此外，旅游安全也与园区周边村民、园区经营者和管理部门等息息相关。因此，旅游安全广泛存在于休闲观光农业园的旅游活动中。

(3) 复杂性

旅游安全问题的产生不仅取决于农村地区的自然、经济和社会因素，还取决于游客的安全意识、身体状况和旅游行为。因此，休闲观光农业园的安全问题表现出极大的复杂性，除了防火、防食物中毒外，还要防疾病、传染病、环境污染、盗窃、游客的不良行为、各种自然以及人为灾害等。

4.8.1.3 园区安全事故主要原因

(1) 园区旅游环境引发的安全问题

由休闲观光农业园的旅游环境引发的旅游安全问题包括：由自然环境引发的地震、暴雨、山体滑坡、洪水、泥石流等自然灾害；生物景观资源引发的花粉过敏、植物和昆虫对皮肤的伤害、动物袭击等；水域景观资源引发的水难事故、游客落水、溺水、水生动植物伤害等；园区防护设施不完善、基础设施残旧、设施设备滞后以及游览环境复杂而引发的安全问题。此外，长期盛行于农村地区的疟疾、肝炎、流行性乙型脑炎等传染病也会危害游客的人身安全；由于农村卫生环境差会引发疾病问题，治安力量薄弱会引发犯罪问题，村民不友好会引发主客冲突问题等。

(2) 园区游客行为引发的安全问题

游客的行为具有很强的自发性和随机性，也是诱发休闲观光农业园旅游安全问题的一个重要因素。游客因对旅游环境的不熟悉以及对活动项目和自身安全认知的不足，为了寻求刺激，放纵游玩，思想上容易放松警惕，而使安全事故频发。

例如，突发疾病，迷路走失，乱扔烟头和违规野炊而引发火灾，误入泥潭沼泽地等复杂环境而意外丧生，盲目追求个性体验、擅自单独活动而导致的人身安全事故等。

（3）农业生产经营活动引发的安全问题

农业生产经营活动是休闲观光农业园的主要形式和体验项目，但也存在安全隐患，容易引发农业生产环境安全问题、农产品质量安全问题等。如在农业生产过程中，过量使用化肥、农药等造成的生态环境污染、农产品污染，从而引发安全问题；游客饮用了被污染的水源、食用了被污染的农产品或不慎吸入有害气体等而引发疾病，这些都威胁游客的旅游安全。

（4）园区经营管理不到位引发的安全问题

①经营管理者的疏忽　园区旅游活动涉及面广，旅游安全随处存在，而许多园区的经营管理者却常常抱着侥幸的心理，认为事故不会轻易发生。为应付相关部门检查而临时组建一个可有可无的安全管理机构，或为了节省开支尽可能地减少安全工作人员，甚至在旅游高峰期出现安全工作人员短缺时，临时抽调一些无工作经验和安全知识的人员充数。这极易发生旅游安全事故。

②安全保障体系不完善　目前，我国多数休闲观光农业园还没有建立起完善的安全保障体系，缺乏必备的安全防护设施，也不能完全把安全管理工作落实到日常管理中。由于旅游设施老化、操作失误等人为因素造成的旅游安全事故也层出不穷。

③管理方式落后　目前，大多数园区的安全管理仍停留在原始的巡逻或等事故发生后报案的阶段，没有对安全进行有效的防控。从园区自身环境来看，有些园区面积大，甚至包含陡峭的山峰、茂密的森林、弯曲的河流、幽深的山谷等多种自然要素，地形复杂，气候多变，而且园区人员复杂、游客流动性强，安全事故不易预防，这些都可能存在安全隐患。因此，园区还不能光停留于偶然警觉，零事故目标的实现还有赖于先进管理方法和高新技术在旅游安全管理上的应用。

资料卡

安全出游温馨提示

1. 餐饮方面。出游要特别注意饮食卫生安全，切忌食用无安全保障的食品或暴饮暴食；切勿吃生食、生海鲜等，切勿光顾路边无牌照摊档，不酗酒，防止食物中毒。

2. 住宿方面。入住宾馆、饭店或乡村民俗后，应了解客房安全须知，熟悉住宿区域的安全出路、安全楼梯的位置及安全逃生线路等。

3. 交通方面。自驾游尽量避开热点地区和高峰时段，要提前设计好旅行线路，出行前做好车辆的维护保养工作，密切关注当地旅游管理部门的有关提示。

4. 游览方面。要服从领队和导游的安排,不擅自离队;不擅自结伙前往未经开发的园区(点),不参与危险的活动项目,在身体不适的情况下不要勉强进行旅游活动。

5. 购物方面。旅游期间不要携带大量现金和贵重物品;理性消费,尽量不要冲动购物,购买商品要索取发票(收据)等商家凭证,以作为维权依据。

6. 游乐方面。乘坐游乐设施前要先查看是否有质监部门的《安全检验合格》标志,不乘坐未检验、检验不合格或超期未检验的游乐设施;少儿乘坐时须有成年人陪护等。

4.8.2 园区安全管理机制

休闲观光农业园的安全管理要真正体现"关注安全、关爱生命",真正做到"安全第一、预防为主、综合治理",从而尽可能降低安全事故发生的概率,或尽可能减小因安全事故发生而造成的损失。

4.8.2.1 园区安全管理的任务

园区安全管理的任务是:依据园区旅游主管部门旅游安全工作的方针、政策,结合园区的特点与游览活动的规律,研究园区各项工作的安全因素,发现、分析园区中存在的安全隐患和不安全因素,采取适当的管理措施和手段,杜绝园区安全事故的发生,确保园区和游客的安全,保证园区经营活动的顺利进行。具体内容包括以下几个方面。

①设立安全管理组织机构,配备安全管理人员。
②建立安全责任制,健全安全管理制度。将安全工作落实到每个部门和每个员工。
③进行旅游安全宣传与教育工作,增强安全意识,普及安全知识,提高安全技能。
④配置安全设施和安全标志,对游览区域进行安全监控。
⑤坚持日常的安全检查工作,落实安全规章制度,发现安全问题,消除安全隐患。
⑥接受旅游安全管理工作的行业管理和检查、监督,并建立社会联动系统。
⑦编制园区突发事件处理应急预案,防范、控制、处理园区各类安全事故。

4.8.2.2 园区安全管理机构

旅游安全对园区的发展至关重要,园区应当设立安全管理组织机构,专门负责园区的日常安全及事故处理。

(1)设置安全管理机构

安全管理机构是负责园区安全管理的全职机构,在园区最高管理层指导下,贯彻实施有关法规和条例,开展日常安全管理工作以及园区安全的防范、控制与指挥。就大型休闲观光农业园而言,若园区与当地城镇相邻,则在设立安全管理机构时，可与当地城镇相关机构（如110、120、119、医院、海事和山地救援组织等）联合，不仅有利于组织机构的建立，而且可以减少园区的投资。若园区远离依托城镇，则必须建立完整、独立的安全管理机构。园区安全管理机构设置应视园区现实情况而定。例如，以自然资源为主的园区和以人文资源为主的园区在设置上的侧重点是不同的，前者应特别加强野外救援的配备，而后者则应加强消防及盗窃等巡逻。

（2）园区安全人员服务规范

①园区要建立健全安全管理制度，安排专人负责安全工作。

②安全人员要认真贯彻执行公安、交通、劳动、质量监督、安监、卫生、林业水利、旅游等有关部门制定和颁布的安全法律法规，并抓好落实。

③安全人员要加强日常安全管理，确保消防、防盗、救护等设备齐全完好，运行正常，无安全隐患。

④安全人员要定期参加安全培训，提高安全意识和应急救援能力。

⑤安全人员要定期组织安全检查，发现安全隐患立即整改。对暂时不能解决的，应采取有效措施，确保不发生安全事故。

⑥安全人员要定期召开安全生产工作会议，并做好会议记录，建立整套的安全生产工作档案。

⑦安全人员要制订安全应急预案和完善紧急救援机制，并定期组织开展旅游安全事故应急预案演练，提高应对突发事故的处理能力。

⑧园区公共区域应设置安全通道，确保畅通无阻，狭窄、危险地段应设保护围栏和警示标志，特殊地段应有专人看守。

⑨游览旺季和游人拥挤时，园区安全人员要安排专人负责疏导，必要时限制游客流量，防止发生游客意外伤害事故。

⑩安全人员要密切关注游客的安全状态，适时提醒游客注意安全，及时纠正和阻止游客的不安全行为。

⑪发生安全事故后，园区安全人员应按照安全预案在第一时间启动救援机制，有效开展救援，做好档案记录并及时向有关部门报告。

4.8.2.3　园区安全保障体系

安全保障体系由政策法规系统、安全预警系统、安全控制系统、安全救援系统和旅游保险系统组成。其中，政策法规系统是进行全局性保障和管理的依据，安全预警系统和安全控制系统属于事前的预防和事中的监管体系，安全救援系统是事中采取积极措施的重要环节，旅游保险系统则属于事后的补偿体系。

（1）安全预警系统

园区安全预警系统由信息系统、宣传教育部门等构成，其主要任务是发布园区安全管理法规、条例，教育、培养园区从业人员，增强游客、社区居民的安全意识，提高游客的安全防范能力。例如，宣传机构重点负责园区内管理人员和旅游从业者的法制安全教育和职业道德教育，以提高他们的专业素质与紧急应变能力；当地的治安管理机构则负责园区内居民的法律常识普及工作和游客安全防范意识的宣传教育。将这两个方面的工作有机地结合与协调起来，可起到安全教育、预警功能双管齐下的作用。

资料卡

旅游目的地是否安全看预警颜色

《游客安全保障办法(初稿)》第三十二条规定：各级旅游行政管理部门应建立旅游安全预警信息发布制度。依据对旅游目的地的旅游安全状况评估，向公众发布前往目的地旅游的红、橙、黄、蓝四色旅游预警信息。期待《游客安全保障办法》在不久的将来正式颁布实施。

红色：建议不要前往该目的地旅游。

橙色：建议重新考虑前往该目的地旅游的必要性，避免不必要的旅游。

黄色：建议高度关注旅游目的地已经发生或可能发生的影响旅游安全的因素。

蓝色：建议关注旅游目的地已经发生或可能发生的影响旅游安全的因素。

(2) 安全控制系统

安全控制系统由园区安全管理队伍和与其相应的一系列防控、管理活动组成，包括如下具体内容：

①对园区内各种经营活动的监督与管理。加强对园区内经营者、管理者和农户的安全防控与管理，防止和杜绝出现强行兜售商品和欺客等现象。

②设置治安管理机构和专业管理人员，加强园区的治安管理。防止并控制园区内盗窃、酗酒闹事、聚众斗殴、赌博、卖淫、嫖娼、吸毒、传播或观看淫秽物品等违法事件的发生，保证游客人身、财产安全，维护园区社会、生活、游览的安全环境。

③对游客旅游活动安全进行防控与管理。要制订旅游旺季疏导游客的具体方案，有计划、有防范地组织游客进行安全的旅游活动，必要时采取相应措施限制旅游高峰期的游客数量。

④对园区内的旅游资源安全、旅游设施设备安全进行防控与管理。

⑤对园区内的住宿安全、饮食安全及卫生安全进行防控、监督与管理。

（3）安全救援系统

安全救援系统是保障园区顺利经营和运作的"后援"，是游客人身、财产的安全保障。为了提高休闲观光农园的安全救援能力和应急处理能力，园区尤其是大型综合性园区更应设置能快速施救的安全救援系统，设立救援机构和救援小组，配备相关的救援设施设备；要设立医务室，至少配备兼职医务人员；要制定救援制度和演练救援方案；还要设立突发事件处理预案，使安全事故处理及时、妥当，档案记录要准确、齐全。

（4）安全保障系统

安全保障系统由园区安全管理的政策与法规条例、管理制度、安全资料与档案、旅游保险等构成。对休闲观光农园来说，安全管理制度和安全资料与档案尤为重要。

①安全管理制度　主要包括四个方面内容：安全岗位责任制（园区员工在工作岗位上所担负的安全工作范围、内容、任务和责任）；领导责任制（按照"谁主管，谁负责"的总原则，规定了领导安全管理的职责和标准，便于考核及明确发生重大安全问题时的法律责任）；重要岗位安全责任制（对于容易发生安全问题或者安全问题一旦发生则影响巨大的部门，应该配备专门的安全管理人员）；制定安全管理工作制度（规定安全管理的范围、内容、程序和方法，如库存管理制度、值班巡逻制度等）。

②安全资料与档案　安全资料与档案能给园区安全管理提供依据和借鉴，有助于安全问题研究和总结，并指导园区安全管理工作。因此，要对园区资源安全、环境安全、卫生安全、食品安全、商业经营安全等进行调查与统计，以便有针对性地进行安全管理与防控，同时还要协同质量管理部门对设施设备的维护与保养进行监督。

典型案例

古树砸死游客，谁之过？

2004年5月5日，福建永春牛姆林生态旅游区，一株马尾松古树因刮风下雨突然折断，树干砸中4名躲雨的游客，导致1人死亡；2007年7月1日，四川青城山园区一棵古树的枝干突然断裂，砸中1名女游客的头部，致使其当场死亡；2015年4月21日上午，海南五指山的"三月三"婚俗展演现场，一株古树的树枝突然断裂，砸伤2人，其中1人抢救无效死亡。

结合以上几起古树砸死游客的事故，开展小组讨论：

(1)这些园区经营者是否有过错？园区的安全管理是否有瑕疵？

(2) 为保障游客人身安全和经营者自身利益,园区应如何做好安全管理工作?法律法规在旅游安全管理中起到什么作用?

4.8.3 园区旅游安全维护

园区安全维护主要包括园区安全标识系统完善、园区安全防范体系建设及园区安全事故处理这几个方面的工作。

4.8.3.1 园区安全标识系统完善

(1) 园区安全标志

园区的游客集散地、主要通道、危险地带等区域要按照国家规定设置安全标志,以提醒游客注意安全。安全标志是用于表达特定安全信息的标志,由图形符号、安全色、几何形状(边框)或文字组成。《安全标志》(GB 2894—1996)将安全标志分为四大类型:

①禁止标志 用于禁止人们不安全行为的图形标志。包括禁止吸烟、禁止烟火、禁止带火种、禁止触摸、禁止跨越、禁止攀登、禁止跳下、禁止入内、禁止停留、禁止通行、禁止靠近、禁止乘人、禁止抛物等27种标志。禁止标志基本图形为带斜杠的圆边框,圆环和斜杠为红色,图形符号为黑色,衬底为白色。休闲观光农业园常见的禁止标志如图4-18所示。

图 4-18 禁止标志

②警告标志 用于提醒人们注意周围环境,避免发生危险的图形标志。包括注意安全、当心火灾、当心触电、当心落物、当心坠落、当心坑洞、当心塌方、当心车辆、当心滑跌等28种标志。基本图形为正三角形边框,边框内有不同内涵

的象形图形，三角形边框及图形为黑色，衬底为黄色。休闲观光农业园常见的警告标志如图 4-19 所示。

图 4-19 警告标志

③指令标志 用于强制人们必须做出某种动作或采用防范措施的图形标志。包括必须戴防护眼镜、必须戴安全帽、必须穿救生衣等 12 种标志。基本图形为圆形边框，图形符号为白色，衬底为蓝色。休闲观光农业园常见的指令标志如图 4-20 所示。

图 4-20 指令标志

④提示标志 用于向人们提供某种信息（指明安全设施或场所）的图形标志。包括紧急出口、避险处等类型。基本图形为正方形边框，图形符号为白色，衬底为绿色，如图 4-21 所示。

图 4-21 提示标志

(2) 园区安全标志设置注意事项

①图形标志有一定的隐含效果，单纯的图形符号无法保证游客获取完整信息，因此，部分标志要有文字辅助，不但要有中文文字，还要有其他主要客源国家或地区的文字（如英文、日文等），文字要符合国际规范。

②标志一定要按照国际规范制作和悬挂，不但利于推广，还可以让来自不同国家和地区的游客都能看得懂。

③标志牌一定要置于显眼位置和明亮环境中，不可有障碍影响视线，也不可放在移动物体上。

④标志牌的材质除满足坚固耐用、遇水不变形的特性外，还要因地制宜，与园区的资源环境相协调，如山地园区内可用石质材料，森林园区内可用木材等。

⑤各种标志牌是园区的形象构成要素之一，必须制作精良，表面不得有瑕疵，如孔、洞、毛刺等。

⑥标志放置高度应与视线齐平，最大观察距离时的夹角不得超过75°。

⑦为保证效果和防止出现纠纷，安全标志牌要至少每年全面检查一次，对不符合要求或破损的标志牌应及时更换或维修。

典型案例

园区管理不到位，游客摔伤获补偿3万元

2007年10月13日，温州游客陈先生一行10余人到福建省宁德市三都澳园区游玩。由于当天园区停电且没有明确的安全提示，陈先生等人又不识路，在迷宫洞游玩时，他看到一个倒三角洞口，以为是迷宫洞出口，便带头爬了进去。不料陈先生一脚踏空，人沿着石壁急滑而下，重重地摔在洞底的大石头上，当场无法动弹。陈先生被送往医院检查后发现右小腿骨和髋骨粉碎性骨折，医疗费花了4万余元。

陈先生与园区协商无果后，投诉到宁德市蕉城区消费者协会。消费者协会调查后认为，消费者虽有不慎之处，但园区因缺乏必要的安全措施和明确的安全提示，应承担游客摔伤的主要责任。经调解，园区同意一次性补偿陈先生医疗费、护理费、误工费及其他相关费用共计3万元。

4.8.3.2　园区安全事故处理

引发休闲观光农园安全事故的有人为原因和自然灾害原因，当园区不幸发生安全事故、旅游安全问题时，应积极妥善地应对和处理。

(1) 安全事故处理原则

①"谁主管、谁负责"原则 旅游园区实行安全工作负责制，对安全管理工作和经营服务统筹安排，把安全管理工作的优劣与领导及职工的经济利益挂钩。违反安全法规造成游客伤亡事故的，由旅游行政管理部门会同有关部门分别给予直接责任单位警告、罚款、限期整改、吊销营业执照等处罚。

②"三不放过"原则 事故原因不清不放过，事故责任者和群众没有受到教育不放过，没有防范措施不放过。

③教育与处罚相结合的原则 对事故情节轻微、损失与影响较小，或难以预料的突发事故和一般事故，可采取批评教育的方法，辅之以经济或行政处罚。

④依法办事原则 旅游安全事故皆应以事实为根据，以国家相关安全法律为准绳处理。

(2) 常见安全事故的处理

①集体食物中毒 食物中毒是指由于人食用了腐烂变质、不干净或有毒的食物而造成生理损害的事故。在休闲观光旅游的旺季，休闲观光农园内游客众多，如果出现集体食物中毒，对园区的负面影响可想而知。因此，园区首先要做好预防工作，严把食品质量关，建立卫生检验制度，提前发现问题，及时防止腐烂、变质或不干净的食品上餐桌。但如果已经发生食物中毒事件，则要依法积极进行事故处理：

第一，搜集有关食品、餐具、用具及呕吐物；第二，了解现场情况，访问事主或群众；第三，发现和搜集各种痕迹，若中毒者已被送往医院，要向医务人员了解中毒者的症状和抢救过程；第四，抢救的同时，要取得医生配合，调查发生中毒的原因；第五，食物中毒处理过程中，应成立临时指挥部，负责整个抢救工作。

②火灾 这是由在时间和空间上失去控制的燃烧所造成的灾害，有人为火灾、自燃火灾，常伴随爆炸，类型有固体火灾、金属火灾、气体火灾等。火灾是园区比较常见且危害较大的安全事故之一，尤其在较密闭空间如木屋结构的乡村酒店、民宿、餐厅等所发生的火灾损失惨重。

a. 做好预防措施。第一，园区设施在建设时就应该进行防火设计，如建筑物内部设计防火隔断、防火装修及消防扑救路线、安全疏散路线、自动报警系统等；第二，建立或完善救灾部门，培训救灾队伍；第三，定期对员工开展安全防火教育和演练。

b. 火灾事故处理。第一，组织灭火。发现火情的人员应立即报警，讲清失火的准确地点和火情，园区相关负责人、救灾部门、医务人员等应立即赶赴火灾现场，采取有效的灭火措施指挥救火；同时，稳定游客情绪，指挥游客撤离至安全区域；积极组织抢救伤病员和老、幼游客。第二，保护火灾现场。火扑灭后，应立即划出警戒区域，设置警卫，禁止无关人员进入，在公安部门同意后进行现场勘查和清理火灾现场；进入重点勘查区域的人员应有所限制，并注意发现和保护起火点；清理残火时，不要轻易拆除和移动物体，尽可能保护燃烧时的状态，以利于勘查。第三，调查火灾原因。园区发生火灾的原因基本上可以分成3类：思想麻痹、违规操作引发火灾；自然起火，如自燃、雷击等；人为纵火。主要采用调查访问、现场勘查和技术鉴定等方法调查火灾原因。

③游客病危、伤亡事件

a. 游客病危处理。游客在园区游览过程中突患重病时，相关工作人员要立即报告并安排医务人员抢救，然后就近送医院，全程最好有亲人、朋友或园区领导在场。

b. 游客意外受伤处理。园区有游客意外受伤时，工作人员首先要根据伤情判断是否先带游客到医务室做相应的检查和处理；伤势轻微者，由园区医务室做相应的处理即可；伤势较重者，园区医务人员根据游客受伤的情况，告知是否需要去医院做进一步的检查与救治；如需要去医院做进一步检查治疗，园区需派一名工作人员陪同前往医院；检查后的病历、证件、伤口处理费用等各项票据要留底带回园区；园区相关部门需要向保险公司报案（须在一天之内报案才有效）。

c. 游客意外死亡处理。游客在园区意外死亡时，分以下两种情况进行处理。

第一种，国内游客死亡处理。发生游客意外死亡时，园区应立即与当地政府取得联系，由事故发生地的人民政府牵头，协调有关部门及园区主管部门负责处理，必要时可成立事故处理领导小组；查清死者身份，及时告知家属；协助家属处理善后事宜，如开具死亡证明、尸体处理等；写出《死亡善后处理情况报告》，内容包括死亡原因、抢救措施、诊断结果和善后处理情况等。

第二种，在华死亡的外国游客处理。园区应严格按照《中华人民共和国外交部关于外国人在华死亡后处理程序》处理；确定是否死亡和死亡的原因；通知外国领事馆及死者家属；出具证明，正常死亡由县级或县级以上医院出具《死亡证明书》，非正常死亡则由公安机关法医出具《死亡鉴定书》；清点和处理死者遗物，应请领事馆人员到场或请公证处人员到场；遗物须清点造册，列出清单，并由清点人签字；处理尸体。

游客在园区意外死亡，除了以上两种情况外，还要注意其他一些事项：在做好死者亲属工作的基础上，旅游团队的领队应向全团宣布对死者的抢救过程；在处理死亡人员过程中，要随时注意死者亲属以及其他有关人员的情绪和反应并及时汇报；死者抢救、医疗、火化（尸体运送）、交通等费用，一律由死者亲属或旅行团队自理等。

④水灾　水灾不仅对游客身心造成损害，还会对休闲观光农园造成严重影响。雨季积水过多，影响道路交通，并可引发崩塌，破坏基础设施和旅游设施。洪水可能会破坏原来良好的地貌植被和通畅的水管，若造成大面积水土流失，将破坏园区景观和生态平衡，给园区带来难以估量的损失。

　　a. 洪涝灾害处理。洪涝灾害对园区的危害是无法避免的，但可以将其损害程度降到最低。处理对策有：第一，雨季到来之前对道路、危险建筑予以仔细检修，适时采取加固等防范措施；第二，现有条件下大部分暴雨灾害是可预测预报的，园区在接到暴雨洪水资讯后，应该立即采取措施封闭园区、疏散游客，避免灾难性后果，如果园区在运营期间突发暴雨洪水灾害，应及时把园内游客疏散到安全区域，并全力搜救失踪游客，避免灾难性后果的扩大；第三，对受暴雨影响严重的存在安全隐患的旅游体验项目及时封闭；第四，充分利用水利设施进行水量调节；第五，园区建筑物、道路等设施在建设时就要考虑防洪、抗冲能力，预留泄洪和疏通淤积的通道；第六，园区防洪要贯彻"科学规划，防治结合，以防为主"的方针，要因地制宜确定防洪标准，并与流域规划相协调，工程措施和生物措施相结合。

　　b. 泥石流灾害处理。泥石流多发生于暴雨集中、山高、坡陡和植被稀疏的山区，尤其是我国西南山区更为严重，每年雨季常发生泥石流、山体滑坡等自然灾害，对建在这类地形地貌的休闲观光农园破坏性极大。主要处理措施有：第一，游客在园区遭遇泥石流，应紧急撤离，迅速往两边山坡上面爬，爬得越高越好，直至完全避开泥石流区域，千万不能沿着山体上方或下方奔跑；第二，做好山区水土保持和小流域治理；第三，提高园区内外沿线道路的植被覆盖率；第四，修筑湖坝、塘坝、排洪渠；第五，加强泥石流、山体滑坡的预警预报，培训灾害救援人员。

案例分析

　　某旅行社导游小王带领一批游客到南方某知名休闲观光农业园参与二日游活动，在游玩过程中，有两位游客分别出现了不同程度的"拉肚子"和中暑情况。这时导游小王立即对他们进行了现场处理，把为自己准备的药给"拉肚子"的游客服用，用酒精替中暑者擦身。过了一会儿，这两位游客感觉好多了。此刻不少游客称赞小王想得周到，两位患者也很感激小王，但也有不少游客暗地里批评导游，这是为什么呢？

4.8.4　园区医疗服务管理

　　园区医疗服务点的设立，对保障游客的身体健康具有重要的意义。特别是保健疗养休闲园区，设置医疗服务机构尤其重要。

4.8.4.1 园区医疗所的设置及管理

园区医疗所要负责园区内急危、重伤病员的急救以及基本医疗服务。按照加强园区内部急救能力、完善院前急救网络、加强相关人员培训的原则，建立园区医疗服务机构和急救体系。按相关建设标准，加强医护队伍和设施的建设和管理。

(1) 区位及选址

园区医疗所的主要任务是为园区提供快捷及时的医疗救护服务，对临时发生的游客急病、受伤等事故进行处理，其区位及选址首选交通方便、客流集中处。园区医疗所必须要有良好的外部连通性，一般来说，能使汽车直接通达。同时，医疗所还应能较为便捷地到达园区的核心区域（主要包括游客量大及易发事故地段）。另外，作为对游客进行医疗救护的场所，医疗所周围还要有保持相对安静的环境，因此，不可过于靠近交通要道。作为开展园区急救服务的设施，医疗所只要能够满足园区突发事件的及时抢救和突发疾病游客的常规应急护理即可。因此，医疗所应与普通医疗机构有所区别，无须太大，否则就会造成资源的浪费。

(2) 内部设施

建立良好的医疗环境和设备完善的配套措施是开展园区急救服务工作的必要条件。园区医疗所必须有固定的工作用房以进行诊断治疗、抢救之用，至少要设有诊室、处置室、治疗室等科室，有一定数量的床位。有基本的医疗设备、通信传输设备和药品，如常见突发疾病的治疗药品、注射用具、诊断用具、外伤和心脑血管疾病的药物等。

(3) 人员配备

医疗所内要配备足够的具有常规医疗救护工作能力的医务人员，如一定数量的临床执业医师和执业护士等。园区医务人员要有高度的同情心，急病人所急，帮病人所需，克服场地、设备及其他各种不利于抢救因素的困难，争分夺秒，在最短的时间里，以最有效的方法和措施，积极救治病人，操作准确迅速，避免差错发生，维护园区的旅游形象。同时，园区医疗所还要加强对医务人员的业务培训工作，提高医务人员的医疗专业水平和救治工作能力，以不断提高园区医疗救护水平，满足园区内急症患者的急救需求。医务人员的设置既要满足相关标准的基本要求，同时也应按照园区具体情况做适当调整。对有特殊需求的园区，应考虑配备救援队及救援设备，如山岳型园区应组织山区救援队，滨水园区应具备水上救援队等。

资料卡

园区医疗救护人员服务规范

①园区设置为游客服务的医务室，位置合理，标志明显。

②医务室应配备常用药品和救护器材，能保障突发事故中伤病员的急救工作。

③医疗救护人员应是具有医士以上职称的医生和训练有素的护理人员。

④园区开放时间，有医疗救护人员值班，为游客进行一般性突发病痛的诊治和救护。

⑤一旦发生意外伤害事故，医疗救护人员应立即赶往事故现场，对伤病员进行急救。

⑥医疗救护人员应认真负责，严格遵守诊疗护理规范、常规，恪守医疗服务职业道德，严防发生医疗事故。

（4）运行管理

园区医疗所除能独立对伤病游客实施基本急救和治疗外，还应与园区外其他医疗机构建立救援网络，共享医疗资源，形成定向救援机制，提高紧急救援的时效性和整体救援能力。同时，还要建立健全工作制度和明确岗位职责，使医护工作落实到位。

另外，在园区发生突发事件时，急救现场有许多围观者和救护人员，很容易造成混乱。急救站工作人员有限，护理工作紧张，必须调动旅游管理工作人员及游客积极参与抢救工作，做到计划周密、动作敏捷、忙而不乱、稳中求快。

从目前实际来看，园区医疗所设置及医疗服务方面仍存在问题，如园区内医疗救护服务功能宣传不够，一些游客并没有注意到园区设有医疗室及具体位置；与120急救中心等其他救护机构缺少协调，网络化建设不足；园区现有的医疗救护设施设备不够健全，医疗救治水平和应急能力有待提高。这些问题需要园区在以后的发展中着重加以改进。

典型案例

黄山风园区建立四级医疗急救网的急救服务

为保障游客游览安全，早在2010年，黄山风景区管理委员会就已建成四级医疗急救网络，随时向游客提供多层次的急救服务。第一级为全员急救，指对全体员工进行急救常识培训，在遇到突发病患者时能进行简单的处理；第二级为流动急救，在户外流动的综合治理、防火、环卫等人员中招募志愿者，培训成为红十字救护员，在紧急情况下能第一时间、第一现场进行较专业的救护；第三级为固定急救，在北海、天海、玉屏楼等游人集中地建立固定急救室，在温泉地带建立急救中心，能开展心肺复苏、清创缝合、复位固定等专业的急救工作；第四级为专业急救，与黄山市急救中心、市区医院建立全面协作关系，随时可以处理较复杂的急救事件。据统计，四级医疗急救网络每年紧急救护游人400人次左右，一些危重病人因救护及时均转危为安。

4.8.4.2 园区保健疗养服务管理

随着休闲观光旅游业的深度发展和大众健康理念的日趋加强，我国保健疗养尤其是森林康养产业的前景十分广阔。目前，许多休闲观光农业园已陆续开发了保健疗养、森林康养等体验旅游项目。

(1) 保健疗养旅游服务类型

保健疗养旅游服务主要包括疗养院和其他专项保健体验旅游项目。

①疗养院　是专门为某些慢性疾病（如结核病、风湿病、职业病等）的诊疗、休养而设立的一种医疗预防机构。一般设在气候良好或有矿泉等自然资源的地区，根据不同病情，运用水浴、空气浴、日光浴、泥疗等物理疗法，结合营养、针灸、推拿、体育疗法和一般诊疗方法，促使疗养者在医务人员指导下得到良好的疗养和休闲放松，加速恢复健康。

②保健体验旅游　是一种既达到旅游目的，又达到健身康养目的的专项特殊体验旅游项目，如气功旅游、康复旅游、武术旅游、健身旅游、体育旅游等。游客在体验过程中可一边旅游，一边学习武术、气功，进行医学学术交流和保健治疗等，既了解了中国的传统文化，又学到了一些健身养生的方法。

(2) 园区保健疗养设施建设与管理

园区的保健疗养设施宜设在气候适宜、风景优美、环境幽静、日光充足，具有某种天然疗养因子（如茂密森林、矿泉水、温泉、治疗泥等），且具有给排水条件和便于种植、造园之处。作为园区景观的一部分，保健疗养设施的外观设计应注意与园区的整体环境相协调，建筑外观要体现特色化、生态化和景观化原则；各种设施设备的设置应符合国家相关法规和行业标准，其提供的保健疗养体验项目也应符合相关行业服务标准。

当前，我国发展保健疗养旅游方兴未艾，休闲观光农业园在保健疗养体验项目的建设和管理上，要注意以下几点。

第一，提高认识，创造适于保健疗养旅游项目的"软环境"，即相对于各种旅游资源、旅游基础设施的旅游意识和旅游政策、法规等。"软环境"的形成与完善是宏观上促进园区旅游发展的重要因素之一，亦可直接带来经济效益。如我国的针灸、气功、武术等在世界享有盛誉，园区结合这种优势把旅游与学习中华武术和气功、医术交流及治疗等结合起来，开发保健旅游项目，丰富旅游产品结构，增强吸引力和竞争力，这对我国休闲观光农业园的发展具有重要意义。

第二，突出"保健"特色，以"特"吸引人。园区应根据自身特性进行定位，保持旅游目的独特性，即资源、文化、产品和社会的差异性，这是成功吸引游客的重要因素之一。例如，云南的文山、玉屏一带，苗族同胞把古老的芦笙拳列为旅游接待的表演项目，开发出独特的"苗族武术旅游"项目，巧妙地把芦笙舞与苗拳相结合，令人耳目一新。

第三，突出整体形象，进行深度开发。休闲观光农业园的保健疗养旅游项目，不管是在开发还是对外宣传、营销中，都应突出整体形象，要把保健疗养旅游产品打造成未来风靡世界的旅游新项目。例如，我国的中医医术在世界上是独一无二的，要做到中医医术旅游项目的深度开发，可在旅游活动过程中，安排著名医师给参加本旅游项目的游客提供医疗咨询、健康检查等服务；请行家讲解系列保健商品、食品知识，指导游客如何购买，并请游客免费品尝"保健益寿宴"；在有条件的情况下，还可配合播放有关电影、录像，让游客了解我国中医发展的情况。休闲观光农业园应加大与旅行社和知名中医院的合作力度，开设康复、疗养基地，同时举办气功、太极拳等培训班，传授体操疗法。

第四，充分发挥旅行社的作用。旅行社是为广大游客安排旅游项目的策划者。因此，休闲观光农业园的保健疗养旅游项目的推广很大程度上取决于旅行社的参与、宣传与推销。旅行社应把握好机遇，适时推出休养旅游、康复旅游、中医中药旅游、医学学术交流培训等保健疗养旅游项目。此外，旅行社也要培养有保健知识的工作人员，做好游客的游前、游中和游后服务工作。

实践教学

实训 4-1　休闲观光农业园生产管理

一、实训目的

1. 会分析我国某个休闲观光农业园区的生产管理现状及存在问题。

2. 能对当前我国休闲观光农业生产管理的模式有全面、深入的了解，培养生产管理岗位职能。

3. 学会撰写关于某地某个休闲观光农业园生产管理的特色分析报告。
4. 通过汇报交流，提高团队协作能力、表达能力和分析能力。

二、内容与要求

利用周末、节假日和综合实训周，选择本地市、县(区)及校企合作的休闲观光农业园区进行实地调查。以实地调查为主，结合资料文献的查找，收集相关数据和图文，组织小组集体分析、讨论，形成调查分析报告的Word文档，再以PPT文档形式交流汇报。

三、组织与实施

1. 以实训小组为单位进行实训，小组规模一般为4~6人，分组要注意小组成员的地域分布、知识、技能、兴趣、性格的互补性，合理分组，并定出组长，由组长协调工作。
2. 全体成员共同参与，分工协作完成任务，并组织讨论、交流。
3. 根据实训的调查分析报告和汇报情况，相互点评，进行实训成效评价。

四、评价与标准

实训评价指标与标准见表4-4所列。

表4-4 实训评价指标与标准

评估指标	评估等级			自评	组评	总评
	好(80~100分)	中(60~80分)	差(60分以下)			
项目实训准备(10分)	分工明确，能对实训内容事先进行精心准备	分工明确，能对实训内容进行准备，但不够充分	分工不够明确，事先无准备			
相关知识运用(20分)	能够熟练、自如地运用所学的知识进行分析，分析准确、到位	基本能运用所学知识进行分析，分析基本准确，但不够充分	不能够运用所学知识分析实际			
实训报告质量(30分)	报告结构完整，论点正确，论据充分，分析准确、透彻	报告基本完整，能够根据实际情况进行分析	报告不完整，分析缺乏个人观点			
实训汇报情况(20分)	报告结构完整，逻辑性强，语言表达清晰，言简意赅，讲演形象好	报告结构基本完整，有一定的逻辑性，语言表达清晰，讲演形象较好	汇报材料组织一般，条理性不强，讲演不够严谨，讲演形象差			
实训态度、完成情况(20分)	热情，态度认真，服从工作分配，能够出色地完成任务	有一定热情，态度较端正，基本能够完成任务	敷衍了事，态度不端正，不能完成任务			

五、作业

实训结束后，以小组为单位各提供一份某地某个休闲观光农业园生产管理现状分析调研报告纸质文档和一份PPT电子文档。

实训4-2　休闲观光农业园人力资源管理

一、实训目的

1. 会分析我国某个休闲观光农业园人力资源的管理现状及存在问题。
2. 提升休闲观光农业园人力资源管理的能力。
3. 学会撰写关于某地某个休闲观光农业园人力资源管理现状分析报告。
4. 通过汇报交流，提高团队协作能力、表达能力和分析能力。

二、内容与要求

利用周末、节假日和综合实训周，选择本地市、县(区)及校企合作的休闲观光农业园区进行实地调查。以实地调查为主，结合资料文献的查找，收集相关数据和图文，组织小组集体分析、讨论，形成调查分析报告的Word文档，再以PPT文档形式交流汇报。

三、组织与实施

1. 以实训小组为单位进行实训，小组规模一般为4~6人，分组要注意小组成员的地域分布、知识、技能、兴趣、性格的互补性，合理分组，并定出组长，由组长协调工作。
2. 全体成员共同参与，分工协作完成任务，并组织讨论、交流。
3. 根据实训的调查分析报告和汇报情况，相互点评，进行实训成效评价。

四、评价与标准

实训评价指标与标准见表4-5所列。

表4-5　实训评价指标与标准

评估指标	评估等级			自评	组评	总评
	好(80~100分)	中(60~80分)	差(60分以下)			
项目实训准备 (10分)	分工明确，能对实训内容事先进行精心准备	分工明确，能对实训内容进行准备，但不够充分	分工不够明确，事先无准备			
相关知识运用 (20分)	能够熟练、自如地运用所学的知识进行分析，分析准确、到位	基本能运用所学知识进行分析，分析基本准确，但不够充分	不能够运用所学知识分析实际			

（续）

评估指标	评估等级			自评	组评	总评
	好（80~100分）	中（60~80分）	差（60分以下）			
实训报告质量 （30分）	报告结构完整，论点正确，论据充分，分析准确、透彻	报告基本完整，能够根据实际情况进行分析	报告不完整，分析缺乏个人观点			
实训汇报情况 （20分）	报告结构完整，逻辑性强，语言表达清晰，言简意赅，讲演形象好	报告结构基本完整，有一定的逻辑性，语言表达清晰，讲演形象较好	汇报材料组织一般，条理性不强，讲演不够严谨，讲演形象差			
实训态度、 完成情况 （20分）	热情，态度认真，服从工作分配，能够出色地完成任务	有一定热情，态度较端正，基本能够完成任务	敷衍了事，态度不端正，不能完成任务			

五、作业

实训结束后，以小组为单位各提供一份某地某个休闲观光农业园人力资源管理现状分析调研报告。

实训4-3 休闲观光农业园市场营销管理

一、实训目的

1. 会分析我国某个休闲观光农业园市场营销管理的经验与存在问题。
2. 会编制不同类型目标市场旅游需求调查问卷和某休闲观光农业园旅游体验调查问卷。
3. 能开展问卷调查工作，会编写调查分析报告。
4. 会初步编制某休闲观光农业园的市场营销方案，提升市场营销管理能力。
5. 能提高团队协作能力、表达能力和调查分析能力。

二、内容与要求

利用周末、节假日和综合实训周，选择本地市、县（区）的公园、学校及校企合作的休闲观光农业园区进行实地调查。以实地调查为主，结合资料文献的查找，收集相关数据和图文，组织小组集体分析、讨论，形成调查问卷的 Word 文档，再开展问卷调查及编写调查问卷分析报告，各组最后上台汇报。

三、组织与实施

1. 以实训小组为单位进行实训，小组规模一般为4~6人，分组要注意小组成员的地域分布、知识、技能、兴趣、性格的互补性，合理分组，并定出组长，由组长协调工作。

2. 全体成员共同参与，分工协作完成任务，并组织讨论、交流。
3. 根据调查问卷的完成质量和汇报情况，相互点评，进行实训成效评价。

四、评价与标准

实训评价指标与标准见表4-6所列。

表4-6 实训评价指标与标准

评估指标	评估等级			自评	组评	总评
	好(80~100分)	中(60~80分)	差(60分以下)			
项目实训准备（10分）	分工明确，能对实训内容事先进行精心准备	分工明确，能对实训内容进行准备，但不够充分	分工不够明确，事先无准备			
相关知识运用、调查问卷质量（30分）	能够熟练、自如地运用所学知识分析，问卷设计科学、合理，可操作性强	基本能运用所学知识分析，但不够充分，问卷设计较合理，可操作	不能够运用所学知识分析实际，问卷设计不合理，难操作			
实训报告质量（30分）	报告结构完整，论点正确，论据充分，分析准确、透彻	报告基本完整，能够根据实际情况进行分析	报告不完整，分析缺乏个人观点			
实训汇报情况（20分）	报告结构完整，逻辑性强，语言表达清晰，言简意赅，讲演形象好	报告结构基本完整，有一定的逻辑性，语言表达清晰，讲演形象较好	汇报材料组织一般，条理性不强，讲演不够严谨，讲演形象差			
实训态度、完成情况（10分）	热情，态度认真，服从工作分配，能够出色地完成任务	有一定热情，态度较端正，基本能够完成任务	敷衍了事，态度不端正，不能完成任务			

五、作业

实训结束后，以小组为单位各提供2份调查问卷和1份报告，即不同类型目标市场旅游需求调查问卷、某休闲观光农业园旅游体验调查问卷及调查问卷的分析报告。

实训4-4 休闲观光农业园游客管理

一、实训目的

1. 会分析休闲观光农业园区游客的旅游行为特征。
2. 能调查休闲观光农业园区旅游的各种不文明行为。
3. 会分析游客旅游不文明行为产生的原因。
4. 能引导休闲观光农业园区游客文明旅游。

5. 会撰写某地某个休闲观光农业园区游客管理现状分析报告。

二、内容与要求

利用综合实训周，选择本地具有代表性的或校企合作的休闲观光农业园区进行实践训练，开展园区游客文明行为引导义务服务员活动，并实地调查园区在游客管理方面已经做了哪些工作，还存在哪些不足之处。组织小组集体讨论，探讨如何做好游客行为规范引导和管理，形成调研报告的 Word 文档，再以 PPT 文档形式交流汇报。

三、组织与实施

1. 以实训小组为单位进行实训，小组规模一般为 4~6 人，由组长协调安排。
2. 全体成员共同参与，分工协作完成任务，并组织讨论、交流。
3. 完成实训任务和调研报告后，组织汇报、交流、点评，进行实训成效评价。

四、评价与标准

实训评价指标与标准见表 4-7 所列。

表 4-7　实训评价指标与标准

评估指标	评估等级			自评	组评	总评
	好（80~100分）	中（60~80分）	差（60分以下）			
项目实训准备（10分）	分工明确，能对实训内容事先进行精心准备	分工明确，能对实训内容进行准备，但不够充分	分工不够明确，事先无准备			
相关知识运用、调查问卷质量（30分）	能够熟练、自如地运用所学的知识进行分析，分析准确、到位	基本能运用所学知识进行分析，分析基本准确，但不够充分	不能够运用所学知识分析实际			
实训报告质量（30分）	报告结构完整，论点正确，论据充分，分析准确、透彻	报告基本完整，能够根据实际情况进行分析	报告不完整，分析缺乏个人观点			
实训汇报情况（20分）	报告结构完整，逻辑性强，语言表达清晰，言简意赅，讲演形象好	报告结构基本完整，有一定的逻辑性，语言表达清晰，讲演形象较好	汇报材料组织一般，条理性不强，讲演不够严谨，讲演形象差			
实训态度、完成情况（10分）	热情，态度认真，服从工作分配，能够出色地完成任务	有一定热情，态度较端正，基本能够完成任务	敷衍了事，态度不端正，不能完成任务			

五、作业

实训结束后，以小组为单位各提供一份某地某个休闲观光农业园区游客管理现状分析调研报告。

实训 4-5　休闲观光农业园服务管理

一、实训目的

1. 能调查本地某个休闲观光农业园服务管理(餐饮管理、住宿管理、解说管理、娱乐管理等)的现状。
2. 了解该园区服务管理的相关制度和措施。
3. 能分析该园区服务管理的成功经验及存在问题,提升服务管理能力。
4. 会撰写某个休闲观光农业园区服务管理现状分析调研报告。

二、内容与要求

利用综合实训周,选择本地具有代表性的或校企合作的休闲观光农业园区进行实践训练,开展餐饮、住宿、解说、娱乐等服务技能操练活动,以锻炼和提高服务技能,并注意收集相关数据、图文等材料。组织小组集体讨论,探讨应如何科学、规范做好服务管理工作,对服务过程中的感受和存在问题提出意见和建议,形成调研报告的 Word 文档,再以 PPT 文档形式交流汇报。

三、组织与实施

1. 以实训小组为单位进行实训,小组规模一般为 4~6 人,注意小组成员能力的互补性,进行合理分组,并定出组长,由组长协调安排。
2. 全体成员共同参与,建立沟通协调机制,并注意安全,分工协作完成任务。
3. 各小组在实训阶段组织交流、讨论,并相互点评,取长补短,共同进步。
4. 根据实训表现和汇报情况,进行实训成效评价。

四、评价与标准

实训评价指标与标准见表 4-8 所列。

表 4-8　实训评价指标与标准

评估指标	评估等级			自评	组评	总评
	好(80~100 分)	中(60~80 分)	差(60 分以下)			
项目实训准备 (10 分)	分工明确,能对实训内容事先进行精心准备	分工明确,能对实训内容进行准备,但不够充分	分工不够明确,事先无准备			
知识运用能力 (20 分)	能够熟练、自如地运用所学的知识进行分析,分析准确、到位	基本能运用所学知识进行分析,分析基本准确,但不够充分	不能够运用所学知识分析实际			

（续）

评估指标	评估等级			自评	组评	总评
	好(80~100分)	中(60~80分)	差(60分以下)			
调研报告质量 （20分）	报告结构完整，论点正确，论据充分，分析准确、透彻	报告基本完整，能够根据实际情况进行分析	报告不完整，分析缺乏个人观点			
实训汇报情况 （10分）	报告结构完整，逻辑性强，语言表达清晰，言简意赅，讲演形象好	报告结构基本完整，有一定的逻辑性，语言表达清晰，讲演形象较好	汇报材料组织一般，条理性不强，讲演不够严谨，讲演形象差			
实训态度、过程及完成情况 （40分）	热情，态度认真，服从工作分配，能够出色地完成任务	有一定热情，态度较端正，基本能够完成任务	敷衍了事，态度不端正，不能完成任务			

五、作业

实训结束后，以小组为单位各提供一份某地某个休闲观光农业园区服务管理现状分析调研报告。

实训 4-6　休闲观光农业园设施管理

一、实训目的

1. 会调查本地某个休闲观光农业园设施设备的类型和完好情况。
2. 了解该园区设施设备管理的制度和措施。
3. 能分析该园区设施设备管理的经验与存在问题。
4. 会撰写某个休闲观光农业园区设施设备管理现状分析调研报告。

二、内容与要求

利用综合实训周，选择本地具有代表性的或校企合作的休闲观光农业园区进行实践训练，开展园区设施设备方面的调查，了解园区在设施设备管理方面已经做了哪些工作，目前还存在哪些不足之处。组织小组集体讨论，探讨如何做好设施设备的管理工作，形成调研报告的 Word 文档，再以 PPT 文档形式交流汇报。

三、组织与实施

1. 以实训小组为单位进行实训，小组规模一般为 4~6 人，由组长协调安排。
2. 全体成员共同参与，分工协作完成任务，并组织讨论、交流。
3. 完成实训任务和调研报告后，组织汇报、交流、点评，进行实训成效评价。

四、评价与标准

实训评价指标与标准见表 4-9 所列。

表 4-9 实训评价指标与标准

评估指标	评估等级			自评	组评	总评
	好(80~100分)	中(60~80分)	差(60分以下)			
项目实训准备 (10分)	分工明确,能对实训内容事先进行精心准备	分工明确,能对实训内容进行准备,但不够充分	分工不够明确,事先无准备			
知识运用能力 (20分)	能够熟练、自如地运用所学的知识进行分析,分析准确、到位	基本能运用所学知识进行分析,分析基本准确,但不够充分	不能够运用所学知识分析实际			
调研报告质量 (30分)	报告结构完整,论点正确,论据充分,分析准确、透彻	报告基本完整,能够根据实际情况进行分析	报告不完整,分析缺乏个人观点			
实训汇报情况 (20分)	报告结构完整,逻辑性强,语言表达清晰,言简意赅,讲演形象好	报告结构基本完整,有一定的逻辑性,语言表达清晰,讲演形象较好	汇报材料组织一般,条理性不强,讲演不够严谨,讲演形象差			
实训态度、完成情况 (20分)	热情,态度认真,服从工作分配,能够出色地完成任务	有一定热情,态度较端正,基本能够完成任务	敷衍了事,态度不端正,不能完成任务			

五、作业

实训结束后,以小组为单位各提供一份某地某个休闲观光农业园区游客管理现状分析调研报告。

实训 4-7 休闲观光农业园环境管理

一、实训目的

1. 会调查本地某个休闲观光农业园环境管理的影响因素。
2. 了解该园区环境管理的制度和措施。
3. 能分析该园区环境管理的经验与存在问题。
4. 会撰写某地某个休闲观光农业园区环境管理现状分析调研报告。

二、内容与要求

利用综合实训周,选择本地具有代表性的或校企合作的休闲观光农业园区进行实践训练,开展园区环境管理方面的调查,了解园区在环境管理方面已经做了哪些工作,目前还存在哪些不足之处。组织小组集体讨论,探讨如何科学、合理地做好环境管理工作,形成调研报告的 Word 文档,再以 PPT 文档形式交流汇报。

三、组织与实施

1. 以实训小组为单位进行实训,小组规模一般为4~6人,由组长协调安排。
2. 全体成员共同参与,分工协作完成任务,并组织讨论、交流。
3. 完成实训任务和调研报告后,组织汇报、交流、点评,进行实训成效评价。

四、评价与标准

实训评价指标与标准见表4-10所列。

表4-10 实训评价指标与标准

评估指标	评估等级			自评	组评	总评
	好(80~100分)	中(60~80分)	差(60分以下)			
项目实训准备 (10分)	分工明确,能对实训内容事先进行精心准备	分工明确,能对实训内容进行准备,但不够充分	分工不够明确,事先无准备			
知识运用能力 (20分)	能够熟练、自如地运用所学的知识进行分析,分析准确、到位	基本能运用所学知识进行分析,分析基本准确,但不够充分	不能够运用所学知识分析实际			
调研报告质量 (30分)	报告结构完整,论点正确,论据充分,分析准确、透彻	报告基本完整,能够根据实际情况进行分析	报告不完整,分析缺乏个人观点			
实训汇报情况 (20分)	报告结构完整,逻辑性强,语言表达清晰,言简意赅,讲演形象好	报告结构基本完整,有一定的逻辑性,语言表达清晰,讲演形象较好	汇报材料组织一般,条理性不强,讲演不够严谨,讲演形象差			
实训态度、 完成情况 (20分)	热情,态度认真,服从工作分配,能够出色地完成任务	有一定热情,态度较端正,基本能够完成任务	敷衍了事,态度不端正,不能完成任务			

五、作业

实训结束后,以小组为单位各提供一份某地某个休闲观光农业园区环境管理现状分析调研报告。

实训4-8 休闲观光农业园安全管理

一、实训目的

1. 能结合本地某个休闲观光农业园区分析旅游安全问题。
2. 会调查该园区旅游安全的影响因素。
3. 了解该园区旅游安全的管理制度和措施。

4. 会归纳总结休闲观光农业园区安全管理的经验与存在的问题。
5. 会撰写某地某个休闲观光农业园区安全管理现状分析报告。

二、内容与要求

利用周末、节假日和综合实训周，选择本地具有代表性的或校企合作的休闲观光农业园区进行实践训练，开展园区旅游安全问题的调查，了解园区在旅游安全管理方面已经做了哪些工作，目前还存在哪些不足之处。组织小组集体讨论，探讨如何科学、有效地做好园区旅游安全管理工作，形成调研报告的 Word 文档，再以 PPT 文档形式交流汇报。

三、组织与实施

1. 以实训小组为单位进行实训，小组规模一般为 4~6 人，由组长协调安排。
2. 全体成员共同参与，分工协作完成任务，并组织讨论、交流。
3. 完成实训任务和调研报告后，组织汇报、交流、点评，进行实训成效评价。

四、评价与标准

实训评价指标与标准，见表 4-11 所列。

表 4-11 实训评价指标与标准

评估指标	评估等级			自评	组评	总评
	好(80~100分)	中(60~80分)	差(60分以下)			
项目实训准备 (10分)	分工明确，能对实训内容事先进行精心准备	分工明确，能对实训内容进行准备，但不够充分	分工不够明确，事先无准备			
知识运用能力 (20分)	能够熟练、自如地运用所学的知识进行分析，分析准确、到位	基本能运用所学知识进行分析，分析基本准确，但不够充分	不能够运用所学知识分析实际			
调研报告质量 (30分)	报告结构完整，论点正确，论据充分，分析准确、透彻	报告基本完整，能够根据实际情况进行分析	报告不完整，分析缺乏个人观点			
实训汇报情况 (20分)	报告结构完整，逻辑性强，语言表达清晰，言简意赅，讲演形象好	报告结构基本完整，有一定的逻辑性，语言表达清晰，讲演形象较好	汇报材料组织一般，条理性不强，讲演不够严谨，讲演形象差			
实训态度、 完成情况 (20分)	热情，态度认真，服从工作分配，能够出色地完成任务	有一定热情，态度较端正，基本能够完成任务	敷衍了事，态度不端正，不能完成任务			

五、作业

实训结束后,以小组为单位各提供一份某个休闲观光农业园区旅游安全管理现状分析调查报告。

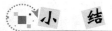

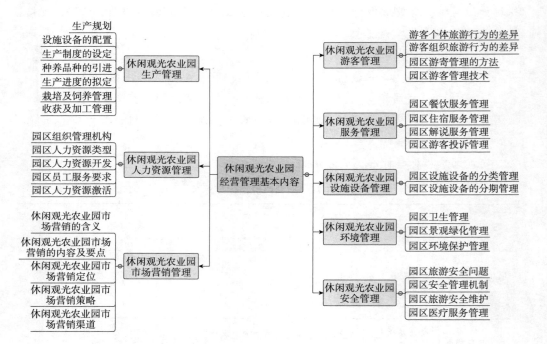

思考与练习

一、填空题

1. 园区旅游安全贯穿于旅游活动的六大环节,可分为_____、_____、_____、_____、_____和娱乐安全六大类。
2. 园区人力资源的层次结构从管理职能分为:_____、_____、_____ 3 种。
3. 园区设施可分为:_____、_____、_____、_____、_____。
4. 园区解说服务系统分为_____和_____两种解说服务。
5. 园区投入运营后,要加强环境保护管理,应建立生态环境监测系统,包括:大气指标、_____指标、_____指标、_____指标和_____指标。

二、简答题

1. 一名合格的园区员工要树立哪些服务理念和具备哪些服务要求？
2. 如何做好园区客户关系管理？
3. 简述园区解说服务系统的种类和功能。
4. 在对园区员工进行培训时，应注意哪些问题？
5. 园区人力资源激励和惩罚措施有哪些？如何合理利用奖惩制度？
6. 谈谈应如何做好游客的投诉工作。

三、能力训练题

1. 游客王晓丽怒气冲冲地到园区投诉中心投诉：①园区东大门未设禁止摄像的标示，在拍照时遭到保安的蛮横阻拦；②她中午11:00进入园区后要坐观光车，当时有8辆车停在那里，调度员态度很不好，说不能坐，司机吃饭去了；③下午16:30园区里面的许多参观点就已经关门，且门口服务人员态度较差。如果你是这个园区投诉中心的工作人员，你会如何处理这位游客的投诉问题？

2. 小王是一名实习生，上岗第一天游乐园的经理就让他顶替操作太空船的那位生病员工的岗位，在简单了解操作规程后，小王就上岗了。用游乐园经理的话说，这个机器操作起来很简单，一点儿也不复杂。请你分析评价游乐园经理这样做是否妥当，为什么？

3. 游乐园有一台进口机器，买回来后就没有全面检修过，游乐园的负责人很感叹："我们这台机器是全园唯一的一台进口机器，没人会检修，质量也好得不得了，没出过一次故障。"请对其进行分析评论。

4. 某休闲观光农业园导游小陈接到通知：第二天早上8:00要接待外地来的某专业学术团。第二天早上8:00，旅游团已在园区门口等候，小陈才匆匆忙忙赶到。接到团队后，她说："各位游客，你们好！今天由我给各位进行园区各景点的讲解，在景点内请大家随我一起游览，不要走失，注意安全。好了，我们开始参观吧。"进入景点内，小陈同往常一样对景点做了一般讲解，其余时间让游客自行参观，她自己则回到景点休息室休息。请分析：①导游员小陈在讲解服务工作中存在的不足。②如果你是这位导游员小陈，你将会如何做好讲解服务工作？

自主学习资源库

1. 刘民乾，赵寒梅，等．休闲观光农业．北京：中国农业科学技术出版社，2018.

2. 农业农村部农村社会事业发展中心主办．休闲农业与美丽乡村杂志．

3. 吴东红. 现代休闲观光农业建园与管理. 北京：中国农业出版社，2014.

4. 范高明. 旅游园区服务与管理. 厦门：厦门大学出版社，2012.

5. 郭焕成，吕明伟，等. 休闲农业与乡村旅游发展工作手册. 北京：中国建筑工业出版社，2011.

6. 农业部社会事业发展中心. 休闲农业管理人员手册. 北京：中国农业出版社，2010.

7. 中国休闲农业和乡村旅游网(http://www.xxny.agri.cn/)

8. 中国农业信息网(http://www.agri.gov.cn/)

9. 台湾休闲农业旅游网(https://www.taiwanfarm.com.tw/)

参 考 文 献

柏方敏，李锡泉，2016. 对湖南发展森林康养产业的思考[J]. 湖南林业科技，43(3)：109-113.

包书政，王志刚，2010. 日本绿色观光休闲农业的发展及其对中国的启示[J]. 中国农学通报，26(20)：413-416.

本书编委会，2000. 旅游开发规划及景点园区管理实务全书[M]. 北京：燕山出版社.

边浩，2018. 美好生活视域下市民农园发展研究——以河北省保定市为例[D]. 保定：河北农业大学.

陈芳，2003. 桂林民俗文化旅游开发研究[D]. 长沙：中南林学院.

陈剑峰，2011. 基于4CS理论的休闲观光农业营销创新研究[J]. 生产力研究(3)：31-33.

陈淑君，赵毅，2003. 对旅游服务满意度的思考[J]. 西南大学学报（社会科学版），29(1)：115-119.

陈水雄，陈炫，范武波，2013. 休闲农业及其旅游安全特性研究——兼谈海南休闲农业旅游安全保障体系的构建[J]. 生态经济，275(12)：158-161.

陈文强，2009. 台湾发展休闲农业的成功经验及启示[J]. 农村经济(9)：43-45.

陈晓丽，2016. 森林康养旅游研究及开发探析[J]. 黑龙江生态工程职业学院学报，29(5)：25-27.

陈亚萍，刘淑霞，韩东锋，2007. 杨凌观光农业的特色·优势与发展策略[J]. 安徽农业科学，35(13)：3958-3959.

陈亚云，谢冬明，2016. 江西森林康养旅游发展刍议[J]. 南方林业科学，44(5)：58-60.

丛丽，张玉钧，2016. 对森林康养旅游科学性研究的思考[J]. 旅游学刊，31(11)：6-8.

戴美琪，游碧竹，2006. 国内休闲农业旅游发展研究[J]. 湘潭大学学报（哲学社会科学版）(4)：144-148.

戴香智，2008. 促进观光农业发展的社会政策支持[J]. 中国集体经济（上）：62-63.

邓三龙，2016. 森林康养的理论研究与实践[J]. 世界林业研究，29(6)：1-6.

丁黎明，2014. 乡村旅游全面产品质量管理探析[J]. 农业经济与科技，25(11)：87-90.

杜朝云，蒋春蓉，2016. 森林康养发展概况[J]. 四川林勘设计(2)：6-9.

范高明，2012. 旅游园区服务与管理[M]. 厦门：厦门大学出版社.

苟景铭，余雪梅，2016. 加快四川森林康养产业科学发展的思考[J]. 四川林勘设计(1)：15-20.

谷树忠，胡咏君，周洪，2013. 生态文明建设的科学内涵与基本路径[J]. 资源科学，35(1)：2-13.

郭焕成，2012. 我国休闲农业发展的意义、态势与前景[J]. 中国乡镇企业(2)：70-73.

郭焕成，吕明伟，任国柱，等，2011. 休闲农业与乡村旅游发展工作手册[M]. 2版. 北京：中国建筑工业出版社.

黄红豆，2019. 观光农业中的农耕文化展示设计研究[J]. 南方农业，13(26)：119-120.

黄靖，李艳，2011. 借鉴台湾经验发展福建休闲农业[J]. 台湾农业探索(1)：30-33.

贾新平，梅雪莹，罗海蓉，等，2019. 中国休闲农业发展现状及趋势分析[J]. 农学学报，9(9)：91-95.

贾艳琼，2018. 台湾休闲农业考察现状及发展特色研究[J]. 南方农业，12(33)：127-128.

李静雯，2017. 基于台湾经验的漳州休闲农业发展策略研究[D]. 福州：福建师范大学.

李权，张惠敏，杨学华，等，2017. 大健康与大旅游背景下贵州省森林康养科学发展策略[J]. 福建林业科技，44(2)：152-156.

林景新，2009. 创意营销传播[M]. 沈阳：辽宁科学技术出版社.

刘朝望，王道阳，乔永强，2017. 森林康养基地建设探究[J]. 林业资源管理(2)：93-96.

刘红霞，2013. 台湾休闲农业经营管理模式对海南的启示[J]. 现代经济信息(2)：150-151.

刘立军，2016. 森林疗养 放飞梦想——森林疗养在中国的发展现状[J]. 国土绿化(12)：16-19.

刘民乾，赵寒梅，许荣华，2018. 休闲观光农业[M]. 北京：中国农业科学技术出版社.

刘拓，何铭涛，2017. 发展森林康养产业是实行供给侧结构性改革的必然结果[J]. 林业经济(2)：39-42，86.

刘小蓓，2017. 大陆与台湾地区休闲农业发展模式的比较分析[J]. 世界农业(4)：194-200.

刘泽英，2017. 森林康养应为"健康中国"作出贡献[J]. 林业与生态(1)：11-12.

马潇，2019. 法国乡村旅游及对我国的启示[J]. 上海农村经济(1)：33-35.

南海龙，王小平，陈峻崎，等，2013. 日本森林疗法及启示［J］. 世界林业研究，26（3）：74-78.

农业部社会事业发展中心，2010. 休闲农业管理人员手册［M］. 北京：中国农业出版社.

庞娇，2017. 浅析发展休闲农业对解决三农问题的意义——以温江幸福村为例［J］. 农业经济（18）：193.

邵丽兰，陶晶，2016. 体验经济时代下关于教育农园的思考［J］. 农村经济与科技，27（24）：207-208.

宋菲，2016. 休闲农业与乡村旅游管理经营模式探索［J］. 农业经济（8）：21-23.

孙抱朴，2015. "森林康养"是我国大健康产业的新业态、新模式［J］. 商业文化月刊（22）：82-83.

唐建兵，2010. 森林养生旅游开发与健康产业打造［J］. 成都大学学报（社会科学版）（4）：74-77.

唐军，2016. 浅议森林健康疗养产业与森林生态旅游产业相互关系［J］. 绿化与生活（10）：24-26.

王婉飞，王敏娴，周丹，2006. 中国观光农业发展态势［J］. 经济地理（5）：854-856.

吴后建，但新球，刘世好，等，2018. 森林康养概念内涵、产品类型和发展路径［J］. 生态学杂志，37（7）：2159-2169.

吴美莲，王国顺，2015. 台湾休闲观光农业经营管理实践研究［J］. 黄山学院学报，17（4）：52-55.

肖如斐，李碧珍，2019. 台湾休闲农业发展对福建省乡村振兴战略实施的启示［J］. 台湾农业探索（1）：1-5.

熊丙全，李谦，刘益荣，等，2011. 我国观光农业存在的问题及其发展对策［J］. 四川农业科技（3）：5-7.

徐晖，周之澄，周武忠，2014. 北美休闲农业发展特点及其经验启示［J］. 世界农业，427（11）：110-116.

徐振涛，朱伟，2016. 美国休闲农业旅游发展经验对中国的影响［J］. 延边大学农学学报，38（2）：179-184.

杨艳红，2019. 基于休闲农业发展模式的游客忠诚研究［J］. 农业经济（10）：54-55.

尤泽凯，桂琳，2020. 日本休闲农场六次产业化模式研究和启示［J］. 农业展望（1）：82-88

俞益武，李健，张建国，2007. 休闲观光农业经营管理方案研究［J］. 生态经济（1）：133-135，148.

张昊楠，闵志坤，李霞，2017. 乡村振兴战略背景下的福建"森林人家"产业发展优化[J]. 福建林业(8): 46-48.

张赢心, 林震, 2017. 京津冀休闲林业建设初探[J]. 林业建设(6): 27-31.

赵晨, 2017. 北京小毛驴市民农园发展的困境与对策[J]. 北京农业职业学院学报(3): 10-16.

赵新勇, 宋怡, 2016. 改革开放以来农业政策变迁中的人文理念浅析[J]. 克拉玛依学刊, 6(4): 40-47.

郑石, 林国华, 2017. 福建休闲农业、乡村旅游和新农村建设耦合协调性研究[J]. 福建农业学报, 32(3): 324-331.

中科地景规划设计机构, 吕明伟, 孙雪, 等, 2010. 休闲农业规划设计与开发[M]. 北京: 中国建筑工业出版社.

钟春艳, 王敬华, 2009. 关于休闲观光农业发展热潮的思考[J]. 安徽农业科学, 37(20): 9796-9798.

朱建刚, 2017. 德国森林体验教育与森林疗养考察[J]. 国土绿化(2): 42-45.